clara

Kurze lateinische Texte
Herausgegeben von Hubert Müller

heft 19

Römische Rhetorik

Bearbeitet von Ursula Blank-Sangmeister

Mit 11 Abbildungen

Vandenhoeck & Ruprecht

Liebe Schülerin, lieber Schüler,

»Das ist doch reine Rhetorik« – ein solcher Satz beinhaltet heute ein negatives Werturteil. Jemandem, der der »reinen Rhetorik« verdächtigt wird, unterstellt man, er sage nicht die Wahrheit und bediene sich darüber hinaus Phrasen und Klischees.

In der Antike zählte die Rhetorik hingegen zu den großen Künsten, und ein junger Römer, der zur bürgerlichen Elite gehören wollte, ließ sich ganz selbstverständlich in der Redekunst ausbilden – zunächst beim heimischen Rhetor, dann aber auch bei anerkannten, vor allem griechischen Redelehrern. Sowohl Caesar wie auch Cicero verbrachten einige Zeit im griechischen Ausland, um ihre rhetorischen Fähigkeiten weiter zu schulen.

Das vorliegende Heft soll Ihnen zeigen, was vor allem Cicero unter der Redekunst verstanden hat. Auszüge aus einem römischen Lehrbuch geben Einblick in die formalen Grundlagen dieser Disziplin. Ein Text aus Sallusts *Bellum Iugurthinum* liefert Ihnen eine vollständige antike Rede. Die Textsammlung beschließen zwei Texte des Tacitus, in denen er sich mit der Redekunst früher und heute auseinandersetzt.

Um Ihnen die Arbeit zu erleichtern, sind wir folgendermaßen vorgegangen:

- Längere Sätze sind nach Sinneinheiten gesetzt.
- In der rechten Spalte sind die Vokabeln angegeben, die nicht Teil des Grundwortschatzes sind. Rot hervorgehoben sind die Wörter, die zum Aufbauwortschatz gehören oder darüber hinaus in der Textsammlung mehr als zweimal auftauchen. Alle diese rot markierten Wörter sind als Lernvokabeln gedacht und werden nur bei ihrem ersten Vorkommen aufgeführt. Am Ende des Heftes sind sie noch einmal alphabetisch zusammengestellt.
- Fragen und Aufgaben helfen, die Texte zu verstehen und zu erschließen.
- Zusatztexte liefern Hintergrundinformationen, die die in den lateinischen Texten aufgeworfenen Fragen ergänzen und verdeutlichen.

Wenn Sie nach der Lektüre der hier vorgestellten Texte eine Vorstellung davon haben, was mit der antiken Rhetorik gemeint ist, und wenn Sie sich Ihres eigenen Sprechens (und Schreibens) und der damit verbundenen Strategien klarer bewusst sind, hat das Heft sein Ziel erreicht.

ISBN 3-525-71718-0

© 2012, 2006, Vandenhoeck & Ruprecht GmbH & Co.KG, Göttingen / www.v-r.de
Alle Rechte vorbehalten. Das Werk einschließlich seiner Teile ist urheberrechtlich geschützt. Jede Verwertung außerhalb der engen Grenzen des Urheberrechtsgesetzes ist ohne Zustimmung des Verlages unzulässig und strafbar. Das gilt insbesondere für Vervielfältigungen, Übersetzungen, Mikroverfilmungen und die Einspeisung und Verarbeitung in elektronischen Systemen. Printed in Germany.
Gestaltung: Markus Eidt, Göttingen
Redaktion: Jutta Schweigert, Göttingen
Satz und Lithos: Dörlemann Satz, Lemförde
Druck und Bindung: Hubert & Co., Göttingen

Gedruckt auf chlorfrei gebleichtem Papier.

Inhalt

1 Lob der Rhetorik (Cicero, *De oratore* 1,30–34[1]) 4

2 Antonius über die Aufgaben eines Redners (Cicero, *De oratore* 2,128f.) . . . 8

3 Was muss ein Redner wissen? (Cicero, *De oratore* 1,20f.; *Orator* 14–18) . . . 10

4 Weitere Voraussetzungen (Cicero, *Orator* 119f.) 14

5 Genera dicendi (Cicero, *Orator* 20–22) 16

6 Die Bedeutung des Vortrags (Cicero, *De oratore* 3,210–213a) 18

7 Erfolgsstrategien (Cicero, *De oratore* 2,178.182.185) 20

8 Aus einem Lehrbuch (*Rhetorica ad Herennium* 1,2f.) 24

9 Der Aufbau einer Rede (*Rhetorica ad Herennium* 1,4) 25

10 Auf den Anfang kommt es an! (*Rhetorica ad Herennium* 1,6–8) 26

11 Die Rede des Marius (Sallust, *Bellum Iugurthinum* 85,1–50) 28

12 Die Rhetorikausbildung zur Zeit des Tacitus (Tacitus, *Dialogus* 35) 40

13 Die Redekunst in der ausgehenden Republik (Tacitus, *Dialogus* 36f.) 42

Lernwortschatz 46

Abbildungsnachweis: Archäologisches Institut der Universität Göttingen (Foto: Stephan Eckardt): 11, 45; akg-images: 17, 31, 39; Dorothea Heise, Göttingen: 19; Hubert Müller, Sasbach: 13; Peter Quint, Hildesheim: 9; Jutta Schweigert, Göttingen: 27.

---

1 Die Quellentexte sind in der Regel gekürzt.

1 Lob der Rhetorik

I.
»Neque vero mihi quicquam« inquit (Crassus)
»praestabilius videtur quam posse dicendo
tenere hominum mentes, allicere voluntates,
impellere, quo velit, unde autem velit, deducere:

5   Haec una res in omni libero populo
maximeque in pacatis tranquillisque civitatibus
praecipue semper floruit semperque dominata est.

Quid enim est aut tam admirabile
quam ex infinita multitudine hominum exsistere unum,
10 qui id, quod omnibus natura sit datum,
vel solus vel cum perpaucis facere possit?

Aut (quid est) tam iucundum cognitu atque auditu
quam sapientibus sententiis gravibusque verbis
ornata oratio et polita?
15 Aut (quid est) tam potens tamque magnificum
quam populi motus, iudicum religiones,
senatus gravitatem unius oratione converti?

Quid (est) tam porro regium, tam liberale,
tam munificum quam opem ferre supplicibus,
20 excitare afflictos, dare salutem,
liberare periculis, retinere homines in civitate?

Quid (est) autem tam necessarium
quam tenere semper arma,
quibus vel tectus ipse esse possis
25 vel provocare integer vel te ulcisci lacessitus?

Crassus: *berühmter Redner in vorciceronischer Zeit*
praestābilis, e: vorzüglich vortrefflich
allicere: anziehen, gewinnen
voluntās, tātis *f.*: *hier*: Gemüt
impellere, pulī, pulsum: anstoßen, antreiben
velit: *erg.* ōrātor
pācātus: befriedet, friedlich
tranquillus: ruhig
praecipuus: außerordentlich, besonders
dominārī: herrschen
admīrābilis, e: bewundernswert
īnfīnītus: unendlich, unbegrenzt
exsistere, stitī, –: hervortreten
vel … vel: entweder … oder
perpaucī, ae, a: sehr wenige
cōgnitū, audītū *Supinum II*: zu vernehmen, zu hören
polītus: ausgefeilt
māgnificus; *Komparativ*: māgnificentior, ius: großartig
religiō, ōnis *f.*: *hier*: Bedenken
convertere, vertī, versum: (um)wenden, verwandeln
porrō *Adv.*: ferner
līberālis, e: vornehm; freigebig
mūnificus: mildtätig, großmütig
supplex, plicis: demütig bittend, flehend
excitāre: *hier*: aufrichten
afflīctus: niedergeschlagen
tenēre: *hier*: besitzen
prōvocāre: zum Kampf herausfordern
ulcīscī, ulcīscor, ultus sum: rächen
lacessere, lacessīvī, lacessītum: reizen

Age vero,
ne semper forum, subsellia, rostra curiamque mediteris,
quid esse potest in otio aut iucundius
aut magis proprium humanitatis
30 quam sermo facetus ac nulla in re rudis?«

age vērō: und weiter
subsellium: Bank im Gericht
rōstra, ōrum n. Pl.: Rednerbühne *(auf dem Forum)*
meditārī + Akk.: nachdenken über, denken an
facētus: elegant; geistreich
rudis, e: roh, ungebildet

1 Suchen Sie aus dem Text alle lateinischen Begriffe zum Sachfeld »Werturteile« heraus und ordnen Sie diese nach einem Prinzip, das Ihnen sinnvoll erscheint, zu einer Mindmap.
2 Welche Fähigkeiten schreibt Crassus der Redekunst zu? Zitieren Sie lateinisch.
3 In welchen Bereichen spielt die Redekunst eine Rolle? Schreiben Sie die lateinischen Begriffe heraus.
4 Untersuchen Sie die Funktion der hier verwendeten Stilmittel.

II.
»Hoc enim uno praestamus vel maxime feris,
quod colloquimur inter nos
et quod exprimere dicendo sensa possumus.

Quam ob rem quis hoc non iure miretur
5 summeque in eo elaborandum esse arbitretur, ut,
quo uno homines maxime bestiis praestent,
in hoc hominibus ipsis antecellat?

vel maximē Adv.: ganz besonders
fera: wildes Tier
quod faktisch: dass
exprimere, pressī, pressum: ausdrücken
sēnsa, orum n. Pl.: Empfindungen, Gedanken
ēlabōrāre: sich bemühen, sich anstrengen
bēstia: Tier
antecellere, –, – + Dat.: jdn. übertreffen

Ut vero iam ad illa summa veniamus,	summa, ōrum *n. Pl.*: das Wichtigste
quae vis alia potuit aut dispersos homines	dispersus: zerstreut, versprengt
10 unum in locum congregare aut a fera agrestique vita	congregāre: versammeln, zusammenscharen
ad hunc humanum cultum civilemque deducere	ferus: wild
aut iam constitutis civitatibus	agrestis, e: ländlich, bäuerlich
leges, iudicia, iura describere?	cultus, ūs *m.*: Pflege; Verehrung; Lebensart
	cōnstituere: *hier*: gründen
	dēscrībere: anordnen, vorschreiben
Ac ne plura, quae sunt paene innumerabilia,	innumerābilis, e: unzählig
15 consecter, comprehendam brevi: Sic enim statuo	cōnsectārī: *hier*: erwähnen
perfecti oratoris moderatione et sapientia	comprehendere: *hier*: zusammenfassen
non solum ipsius dignitatem,	brevī: kurz, mit wenigen Worten
sed et privatorum plurimorum	statuere: *hier*: meinen
et universae rei publicae salutem maxime contineri.	moderātiō, ōnis *f.*: Mäßigung, Lenkung
	continērī + *Abl.*: *hier*: beruhen auf
20 Quam ob rem pergite, ut facitis, adulescentes,	incumbere, cubuī, cubitum in + *Akk.*: sich mit Eifer widmen
atque in id studium, in quo estis, incumbite,	ūtilitās, tatis *f.*: Nutzen, Vorteil
ut et vobis honori et amicis utilitati	ēmolumentum: Gewinn, Vorteil, Nutzen
et rei publicae emolumento esse possitis.«	

Die Geschichte der Rhetorik

Die Geschichte der Rhetorik beginnt in der Antike. Im antiken Griechenland und Rom gab es ausgefeilte *Rhetoriken*, die die Schritte von der gedanklichen Verarbeitung des Stoffes bis zum Vortrag regelten. (…)

Aristoteles entwickelte als Erster eine systematische Darstellung der Redekunst (…). Er versteht diese als das »Vermögen, für jeden einzelnen Gegenstand und Fall das zu erkennen, was in ihm an Überzeugendem (oder Glaubwürdigem) liegt«. Rhetorik ist die *Kunst zu überzeugen* und damit wie bei Platon unterschieden von der sophistischen *Überredung*. Die Rhetorik muss sich zwar nicht immer im Bereich der Wahrheit bewegen, meistens genügt auch die *Wahrscheinlichkeit* und *Glaubwürdigkeit*. Sie darf jedoch nicht zur *Überredung* und Verführung des Publikums gebraucht werden. Aristoteles unterscheidet auch zwischen verschiedenen Anlässen der Rede und den entsprechenden Stilebenen und Argumentationsweisen, die in jedem Falle gebraucht werden können.

Die systematische Rhetorik wurde zu einer langlebigen Textsorte. Die römischen Intellektuellen Cicero und Quintilian übersetzten und ergänzten die aristotelische »Rhetorik« und publizierten eigene Lehrbücher. Im Mittelalter wurden diese Quellen zur Grundlage des Triviums (Grammatik, Dialektik, Rhetorik), das an den Universitäten Europas das Grundstudium und die Grundlage jeder intellektuellen Tätigkeit bildete.

Für die gesamte frühe Neuzeit (16.–18. Jahrhundert) ist die Rhetorik die unbestrittene Grundlage der Literatur und ihrer Theorie, der Poetik. Dichter wie Martin Opitz oder Georg Philipp Harsdörffer verfassten deutschsprachige Poetiken, deren Struktur und Inhalt sich am Vorbild der Rhetoriken orientierte (…).

Gegen Ende des 18. Jahrhunderts wurde mit dem Aufkommen der Genieästhetik unter deutschen Intellektuellen die Rhetorik abgewertet. Reden sollten nunmehr überzeugend wirken, weil sie aus dem Inneren der Seele oder des Herzens flossen, und nicht mehr, weil eine bestimmte Technik möglichst geschickt angewandt wurde. Diese Abwertung führte dazu, dass im Laufe des 19. Jahrhunderts die Rhetorik als Lehrfach zunehmend verschwand. Goethe selbst, der einer der größten Gegner der rhetorischen Kunstlehre war, hatte dabei selbst eine rhetorische Ausbildung genossen.

Während des 20. Jahrhunderts wurde der Begriff »Rhetorik« lange Zeit fast nur im Zusammenhang mit Demagogie gebraucht. Nur an wenigen Universitäten (…) wird sie noch als eigenes Fach gelehrt. Die Sprechwissenschaft und Sprecherziehung hingegen beschäftigt sich lehrend und forschend überwiegend mit der angewandten rhetorischen Kommunikation. In der modernen Linguistik werden rhetorische Fragen z.B. im Rahmen der Gesprächsanalyse behandelt. Inzwischen wurde die rhetorische Tradition auch in der Literaturwissenschaft wieder rehabilitiert. Als Gebrauchsrhetorik (Rhetorik für Manager u.a.) hat sie auch wieder ihren Platz in den Bücherregalen, wenn auch meistens auf den unmittelbaren und manchmal zweifelhaften Gebrauchswert reduziert.

http: www.org/wiki/Rhetorik

1 Wodurch unterscheiden sich die Menschen nach diesem Text von den Tieren? Zitieren Sie auch lateinisch.
2 (a) Welche Verdienste schreibt Crassus hier der Redekunst zu? Zitieren Sie auch lateinisch. – (b) Teilen Sie seine Beurteilung? Warum (nicht)?
3 (a) Warum sollen sich die jungen Männer dem Studium der Rhetorik widmen? Nennen Sie die lateinischen Begriffe. – (b) Welchen Anspruch erhebt Cicero damit für die Bedeutung der Rhetorik?
4 Skizzieren Sie die Rolle der Rhetorik im Wandel der Zeiten.

2 Antonius über die Aufgaben eines Redners

Meae totius rationis in dicendo et
istius ipsius facultatis,
quam modo Crassus in caelum verbis extulit,
tres sunt res, ut ante dixi:

5 una conciliandorum hominum, altera docendorum,
tertia concitandorum.
Harum trium partium prima lenitatem orationis,
secunda acumen, tertia vim desiderat;

nam hoc necesse est, ut is,
10 qui nobis causam adiudicaturus sit,
aut inclinatione voluntatis propendeat in nos
aut defensionis argumentis adducatur
aut animi permotione cogatur.

Antōnius: *bedeutender Redner in vorciceronischer Zeit*
ratiō, ōnis *f.*: *hier*: Kunst
modo *Adv.*: eben, gerade
Crassus: *s. Text 1, Teil I*
ante *Adv.*: vorher
conciliāre: sich geneigt machen (für sich) gewinnen
concitāre: bewegen, rühren
lēnitās, tātis *f.*: Milde, Sanftheit
acūmen, minis *n.*: Scharfsinn
dēsīderāre: *hier*: erfordern
causa: *hier*: Sache, Streitfall
adiūdicāre alicui: zu jds. Gunsten entscheiden
inclīnātiō, ōnis *f.*: Neigung
prōpendēre in + *Akk.*: sich hinneigen zu, gewogen sein
dēfēnsiō, ōnis *f.*: Verteidigung
argūmentum: Beweis; Inhalt
permōtiō, ōnis *f.*: Bewegung, Erregung

1 (a) Wie ist der Textabschnitt aufgebaut? – (b) Nennen Sie die gliedernden Wörter und ordnen Sie ihnen die entsprechenden lateinischen Formulierungen zu.
2 Was beabsichtigt Antonius, wenn er (öffentlich) redet, und wie geht er dabei jeweils vor? Nennen Sie die lateinischen Schlüsselbegriffe.
3 Nehmen Sie Stellung zu Antonius' Zielen.

Die Rostra, die Rednertribüne, auf dem Forum Romanum.

3 Was muss ein Redner wissen?

I.
Ac mea quidem sententia
nemo poterit esse omni laude cumulatus orator,
nisi erit omnium rerum magnarum atque artium scientiam consecutus:
5 etenim ex rerum cognitione efflorescat
et redundet oportet oratio.

Quae, nisi res est ab oratore percepta et cognita,
inanem quandam habet elocutionem
et paene puerilem.

10 Neque vero ego hoc tantum oneris imponam
nostris praesertim oratoribus
in hac tanta occupatione urbis ac vitae,
nihil ut eis putem licere nescire,
quamquam vis oratoris
15 professioque ipsa bene dicendi
hoc suscipere ac polliceri videtur,
ut omni de re, quaecumque sit proposita,
ornate ab eo copioseque dicatur.

cumulāre: überhäufen, überschütten
etenim *Adv.*: nämlich, in der Tat
cōgnitiō, ōnis *f.*: Erkentnis, Kenntnis
efflōrēscere: erblühen, hervorsprießen
redundāre: überströmen
oportet + *Konj.*: es muss
percipere, iō, cēpī, ceptum: auffassen, begreifen
ēlocūtiō, ōnis *f.*: Ausdrucksweise, Vortrag
puerīlis, e: kindlich
tantum: *Akk. Sg. n.*
oneris: *Gen. partitivus*
occupātiō, ōnis *f.*: Beschäftigung
urbis ac vītae: *Gen. obi.*
nihil … nescīre: dass ich ihnen nicht zugestehen würde, einiges nicht zu wissen
vīs: *hier*: Begriff
prōfessiō, ōnis *f.*: Beruf
ōrnātē *Adv.*: mit Geschmack
cōpiōsus: reichlich; ausführlich

1 (a) Welches sind die Voraussetzungen für einen vollendeten Redner? Nennen Sie die zentralen lateinischen Begriffe. – (b) Teilen Sie die hier vertretene Ansicht? Begründen Sie Ihre Meinung.
2 Erstellen Sie ein Satzbild für Z. 10–18.

Cicero

Marcus Tullius Cicero wurde im Jahre 106 v. Chr. in der Stadt Arpinum (etwa 100 km südöstlich von Rom) geboren und erlebte die unruhigen Zeiten der ausgehenden römischen Republik aus nächster Nähe. Als Angehöriger des Ritterstandes und *homo novus* bekleidete er alle politischen Ämter zum jeweils frühestmöglichen Zeitpunkt *(suo anno)* und erreichte im Jahre 63 v. Chr. das Konsulat. Es gelang ihm, die sog. Catilinarische Verschwörung, einen Putschversuch gegen den römischen Staat, niederzuschlagen, doch weil er – aufgrund eines Notstandsgesetzes – römische Bürger ohne Gerichtsurteil hatte hinrichten lassen, zwang ihn der Volkstribun Clodius einige Jahre später, vorübergehend im Exil zu leben. Politisch zwischen den Populären und Optimaten hin- und herschwankend, schlug er sich im Bürgerkrieg zwischen Caesar und Pompeius auf die Seite des Pompeius, wurde aber von Caesar nach dessen Sieg begnadigt. In den zwischen Octavian und Antonius ausgetragenen Machtkämpfen nach Caesars Ermordung (44 v. Chr.) griff er Antonius immer wieder scharf an und fiel schließlich ein Jahr später, nachdem sich die ehemaligen Rivalen zusammen mit Marcus Lepidus zum sog. zweiten Triumvirat verbündet hatten, den Proskriptionen (Ächtung der politischen Gegner) zum Opfer.

Cicero war nicht nur ein herausragender Staatsmann und Schriftsteller, sondern gilt auch als der bedeutendste Redner Roms. Über 50 Reden, die er vor dem Volk, dem Senat oder vor Gericht gehalten hat, sind auf die Nachwelt gekommen, dazu eine Reihe rhetorisch-theoretischer Schriften. In seinem rhetorischen Hauptwerk, dem aus drei Büchern bestehenden Dialog *De oratore*, befasst er sich mit den Voraussetzungen des vollkommenen Redners. »Das Rednerideal, das darin entwickelt wird, ist eine Gestalt, die mit dem Leben der Gemeinschaft, die sie lenken soll, engstens verflochten ist und die Cicero selbst als Ideal für sein eigenes Leben ... vorschwebte ... Das Anliegen des Werkes ist, weit davon entfernt, technische Vorschriften zu geben, gerade dieses, den Redner über das Technische hinauszuheben. Für Cicero heißt das nicht nur, die unlösliche Verbundenheit von Moralischem und Können zu betonen ... sondern Wort und Sache zu vereinen ... den Zwiespalt von Zunge und Herz *(de or.* 3,61) zu überwinden. Der Redner muss aus Kenntnis und Überzeugung sprechen ... Der Redner muss darum gebildet sein. Er muss sich auf die Geschichte und das Recht ebenso wie auf Philosophie verstehen.«

Karl Büchner, Römische Literaturgeschichte, Kröners Taschenbuchausgabe Band 247, 6. Auflage 1994, S. 190, Alfred Kröner Verlag, Stuttgart

Marmorbildnis des Marcus Tullius Cicero. Rom, Kapitolinische Museen. Gipsabguss, Archäologisches Institut der Universität Göttingen.

II.

Positum sit igitur in primis, quod post magis intellegetur,
sine philosophia non posse effici,
quem quaerimus eloquentem,
non ut in ea tamen omnia sint,
5 sed ut sic adiuvet ut palaestra histrionem;
parva enim magnis saepe rectissime conferuntur.

Nam nec latius atque copiosius
de magnis variisque rebus
sine philosophia potest quisquam dicere.
10 Nec vero sine philosophorum disciplina
genus et speciem cuiusque rei cernere
neque eam definiendo explicare
nec tribuere in partes possumus nec iudicare,
quae vera, quae falsa sint,
15 neque cernere consequentia,
repugnantia videre, ambigua distinguere.

Quid dicam de natura rerum,
cuius cognitio magnam orationi suppeditat copiam,
de vita, de officiis, de virtute, de moribus?
20 Satisne sine multa earum ipsarum rerum disciplina
aut dici aut intellegi potest?
Ad has tot tantasque res
adhibenda sunt ornamenta innumerabilia;
quae sola tum quidem tradebantur ab eis,
25 qui dicendi numerabantur magistri;
quo fit,
ut veram illam et absolutam eloquentiam
nemo consequatur,
quod alia intellegendi, alia dicendi disciplina est
30 et ab aliis (magistris) rerum (doctrina),
ab aliis (magistris) verborum doctrina quaeritur.

---

in prīmīs: an erster Stelle
post *Adv.*: später
philosophia: Philosophie
ēloquēns, ntis: beredt, redegewandt
nōn ut … sit: nicht weil … wäre
adiuvet: *erg.* ōrātōrem
palaestra: Sportplatz
histriō, ōnis *m.*: Schauspieler; *körperliche Fitness gehörte zu den Voraussetzungen der Schauspielkunst*
lātus: weit, breit; umfassend

genus, eris *n.*: *hier*: Gattung
speciēs, ēī *f.*: *hier*: Art
dēfīnīre: abgrenzen, genau bestimmen
explicāre: erklären, erörtern
cōnsequēns, ntis *n.*: Folge, (Schluss-)Folgerung
repūgnantia, ium *n. Pl.*: Widersprüche, Gegensätze
ambiguus: doppel-, zweideutig
distinguere, stīnxī, stīnctum: unterscheiden
nātūra rērum: *gemeint ist die Physik*
suppeditāre: reichlich zur Verfügung stellen, liefern
mōres, um *m. Pl.*: Charakter
satis *Adv.*: genügend, genug
disciplīna: *hier*: Kenntnis
tot: so viele
ōrnāmentum: *hier*: Schmuckelement, Kunstmittel
innumerābilis, e: unzählig
numerāre: zählen, rechnen
absolūtus: vollendet, vollkommen
ēloquentia: Beredsamkeit
disciplīna: *hier*: Kunst
doctrīna: Unterricht, Lehre, Wissenschaft
quaerere: *hier*: erteilen

Gegenstand der Rhetorik ist es, »die Möglichkeiten zu erforschen und die Mittel bereitzustellen, die nötig sind, die subjektive Überzeugung von einer Sache allgemein zu machen« (Ueding/Steinbrink 1986: 1).
Die Rhetorik beschäftigt sich besonders mit der Frage, wie ein Redegegenstand am überzeugendsten präsentiert werden kann.
Der sprachliche Ausdruck, die stimmliche und gestische Ausführung, die persönliche Präsenz und die Interaktion mit dem Publikum sind Mittel, die eigene Überzeugung von einem Redegegenstand zu vermitteln. Mitunter wird das Redeziel nahezu besser durch die Art des Vortrags erreicht als durch seinen Inhalt.
Doch ist die Rhetorik weit mehr als eine Redekunst; sie ist auch ein heuristisches Instrument, das die Aneignung, Speicherung und Darbietung von Wissensschätzen lehrt, denn die Redekunst ist immer zugleich auch eine Kunst der Darbietung zunächst angesammelten Wissens. Und die Rhetorik ist auch nutzbar als literaturwissenschaftliche Hilfslehre für die zentrale Aufgabe der Disziplin: die Hermeneutik. Die rhetorische Hermeneutik fragt nach den Strategien der Darstellung, der Leserführung und der internen Wirkungsabsicht von Texten.
Christian von Zimmermann, in: www.rhetorik-homepage.de/

Speaker's Corner, eine »Institution« im Londoner Hyde-Park. Hier darf jeder, der will, eine Rede halten – und Zuhörer gibt es immer.

1 Was ist die Basis der Beredsamkeit?
2 Informieren Sie sich darüber, welche Teilbereiche zur antiken Philosophie gehören. Auf welche dieser Disziplinen wird im Text Bezug genommen?
3 Was bemängelt der Autor an den früheren Redelehrern und wie begründet er seine Kritik?
4 Vergleichen Sie das in Teil I und II vertretene Konzept der Redekunst mit der abgedruckten modernen Definition.

4 Weitere Voraussetzungen

De materia loquor orationis etiam nunc,
non de ipso genere dicendi.
Volo enim prius habeat orator rem, de qua dicat,
dignam auribus eruditis,
5 quam cogitet, quibus verbis quidque dicat;
quem etiam,
quo grandior sit et quodam modo excelsior,
ne physicorum quidem esse ignarum volo.

Omnia profecto,
10 cum se a caelestibus rebus referet ad humanas,
excelsius magnificentiusque et dicet et sentiet.

Cum illa divina cognoverit,
nolo ignoret ne haec quidem humana.

Ius civile teneat, quo egent causae forenses cottidie.
15 Quid est enim turpius
quam legitimarum et civilium controversiarum
patrocinia suscipere,
cum sis legum et civilis iuris ignarus?

Cognoscat etiam rerum gestarum
20 et memoriae veteris ordinem,
maxime scilicet nostrae civitatis,
sed etiam imperiosorum populorum et regum illustrium.

Nescire autem, quid, antequam natus sis, acciderit,
id est semper esse puerum.
25 Quid enim est aetas hominis,
nisi ea memoria rerum veterum
cum superiorum aetate contexitur?

---

māteria: *hier*: Stoff

velle: *hier* + *Konj.*

ērudītus: gebildet
quam: *bezieht sich auf* prius
quem: *erg.* ōrātōrem
quō = ut eō + *Komp.*: damit umso
excelsus: hochragend, erhaben
physica, ōrum *n. Pl.*: Physik
īgnārus + *Gen.*: unkundig
profectō *Adv.*: in der Tat, sicherlich
caelestis, e: himmlisch
sē referre: *hier*: zurückkehren
nōlō: *hier* + *Konj.*
tenēre: *hier*: beherrschen
forēnsis, e: gerichtlich
cottīdiē *Adv.*: täglich
lēgitimus: gesetzlich, rechtlich
contrōversia: Streit(igkeit), Streit(frage)
patrōcinium: Verteidigung (vor Gericht)
rēs gestae, rērum gestārum *f. Pl.*: Taten, Geschichte
memoria: *hier*: Geschichte
ōrdō, dinis *m.*: *hier*: Reihen-, Abfolge
scīlicet *Adv.*: natürlich, selbstverständlich
imperiōsus: mächtig
antequam+ *Ind./Konj.*: bevor

aetās, tātis *f.*: *hier*: Leben
superior, ius: weiter oben, früher
contexere: verknüpfen, verbinden

Commemoratio autem antiquitatis exemplorumque prolatio
30 et auctoritatem orationi affert et fidem.

commemorātiō, ōnis *f.*: Erwähnung
antīquitās, tātis *f.*: Altertum
prōlātiō, ōnis *f.*: Erwähnung, Anführung

1 Welches Verständnis von Rhetorik wird in Z. 1–5 deutlich? Nennen Sie die lateinischen Schlüsselbegriffe.
2 (a) Auf welchen Gebieten soll ein Redner bewandert sein? Zitieren Sie lateinisch. – (b) Welche Gründe werden jeweils angeführt?
3 Kommentieren Sie die Rolle, die der Geschichte zugewiesen wird.

Warum ist die Philosophie so wichtig?

Nec vero a dialecticis modo sit instructus
et habeat omnis philosophiae notos ac tractatos locos.

Nihil enim de religione, nihil de morte, nihil de pietate,
nihil de caritate patriae, nihil de bonis rebus aut malis,
5 nihil de virtutibus aut vitiis, nihil de officio,
nihil de dolore, nihil de voluptate,
nihil de perturbationibus animi et erroribus,
quae saepe cadunt in causas et ieiunius aguntur,
nihil, inquam, sine ea scientia, quam dixi,
10 graviter, ample, copiose dici et explicari potest.

dialecticus: Dialektiker
nōtus: bekannt
habēre aliquid: *hier*: vertraut sein mit
locus: *hier*: Gebiet
cāritās, tātis *f.*: Liebe
perturbātiō, ōnis *f.*: Verwirrung, Leidenschaft
error, ōris *m.*: Irrtum
cadere in: *hier*: vorkommen in
iēiūnus: nüchtern, trocken

amplē *Adv.*: umfassend

1 (a) Was ist ein Dialektiker (Z. 1)? Informieren Sie sich mithilfe eines Lexikons oder des Internets. – (b) Welche Bedeutung hat die Dialektik für die Redekunst?
2 Finden Sie einen deutschen Oberbegriff für die in Z. 3–7 aufgezählten Begriffe.
3 Untersuchen Sie die Funktion der Stilmittel.
4 Beantworten Sie die in der Überschrift gestellte Frage.

5 Genera dicendi

Tria sunt omnino genera dicendi,
quibus in singulis quidam floruerunt,
peraeque autem perpauci in omnibus.

Nam et grandiloqui, ut ita dicam, fuerunt
5   cum ampla et sententiarum gravitate
et maiestate verborum,
vehementes, varii, copiosi, graves,
ad permovendos et convertendos animos
instructi et parati.

10 Et contra (fuerunt oratores)
tenues, acuti, omnia docentes
et dilucidiora, non ampliora facientes,
subtili quadam et pressa oratione limati.

Est autem quidam interiectus inter hos medius (orator)
15 et quasi temperatus nec acumine posteriorum
nec fulmine utens superiorum,
vicinus amborum, in neutro (genere dicendi) excellens,
utriusque (generis) particeps vel utriusque (generis),
si verum quaerimus, potius expers;

---

peraequē *Adv.*: völlig gleich
perpaucī, ae, a: sehr wenige
grandiloquus: Großredner; *ein Redner, der sich des erhabenen Stils bedient*
māiestās, tātis *f.*: Größe, Würde
vehemēns, ntis: *hier*: feurig
varius: *hier*: vielseitig
permovēre, mōvī, mōtum: beeindrucken, erschüttern
convertere: *hier*: für sich gewinnen
contrā *Adv.*: andererseits
tenuis, e: *hier*: schlicht, einfach
acūtus: scharfsinnig
dīlūcidus: deutlich, klar
amplus: *hier*: großartig
subtīlis, e: schlicht, einfach
pressus: knapp, kurz
līmātus: ausgefeilt (sprechend)
intericere, iō, iēcī, iectus: dazwischenstellen, -werfen
quasi *Adv.*: sozusagen, gleichsam
temperātus: (aus beiden Typen) gemischt
acūmen, minis *n.*: Scharfsinn
posterior, ius: späterer, letztgenannter
fulmen, minis *n.*: Blitz; blitzartige Gewalt
vīcīnus: Nachbar; benachbart
ambō, ae, ō: beide (zusammen)
neuter, tra, trum: keiner von beiden
excellere, –, –: herausragen, sich auszeichnen
particeps, cipis + *Gen.*: teilnehmend, teilhaftig
potius *Adv.*: eher, vielmehr
expers, expertis + *Gen.*: ohne Anteil, frei von

20 isque uno tenore, ut aiunt, in dicendo fluit
nihil afferens praeter facilitatem et aequabilitatem
omnemque orationem ornamentis modicis
verborum sententiarumque distinguit.

Horum singulorum generum
25 quicumque vim in singulis consecuti sunt,
magnum in oratoribus nomen habuerunt.
Sed quaerendum est, satisne id,
quod volumus, effecerint.

isque … in dīcendō fluit: die Rede dieses Redners fließt …
tenor, ōris *m.*: Zug
facilitās, tātis *f.*: *hier*: Leichtigkeit
aequābilitās, tātis *f.*: Gleichmäßigkeit
distinguere: *hier*: schmücken
vim cōnsequī: *hier*: Großes leisten

Adolf Hitler in Rednerpose. Fotopostkarte (Heinrich Hoffmann), vor August 1927. Aus einer Serie: »Adolf Hitler spricht, 6 photographische Momente (…)«.

1 (a) Welche Stilarten werden im Text aufgeführt? Notieren Sie jeweils die zentralen lateinischen Begriffe. – (b) Charakterisieren Sie auf Deutsch die hier genannten Redestile.
2 Erläutern Sie den letzten Satz. Berücksichtigen Sie dabei auch die in den Texten 3 und 4 erhobenen Forderungen.

6 Die Bedeutung des Vortrags

Nunc quid aptum sit,
hoc est, quid maxime deceat in oratione, videamus.

Quamquam id quidem perspicuum est
non omni causae nec auditori
5 neque (omni) personae neque tempori
congruere orationis unum genus;

nam et causae capitis
alium quendam verborum sonum requirunt,
alium (causae) rerum privatarum atque parvarum;

10 et aliud dicendi genus deliberationes,
aliud laudationes, aliud iudicia, aliud sermones,
aliud consolatio, aliud obiurgatio, aliud disputatio,
aliud historia desiderat.

Refert etiam, qui audiant,
15 senatus an populus an iudices;
frequentes an pauci an singuli, et quales;
ipsique oratores, qua sint aetate, honore, auctoritate,
debet videri;
tempus, pacis an belli, festinationis an oti, (debet videri).
20 Itaque hoc loco nihil sane est,
quod praecipi posse videatur,
nisi ut figuram orationis plenioris et tenuioris
et item illius mediocris ad id, quod agemus,
accommodatam deligamus.

25 Ornamentis eisdem uti fere licebit alias contentius,
alias summissius;
omnique in re posse (id), quod deceat, facere

---

hoc est: das heißt
decet, decuit: es schickt sich, es gehört sich
quamquam: *hier*: freilich
perspicuus: deutlich, augenscheinlich
audītor, ōris *m.*: Zuhörer
persōna, ae *f.*: Person
congruere, gruī, – + *Dat.*: übereinstimmen, harmonieren mit
causa capitis: Prozess, in dem es um Leben und Tod geht
sonus: Laut, Ton, Klang
requīrere: *hier*: erfordern
dēlīberātiō, ōnis *f.*: beratende Rede
laudātiō, ōnis *f.*: Lobrede
cōnsōlātiō, ōnis *f.*: Trostrede
obiūrgātiō, ōnis *f.*: Tadel
disputātiō, ōnis *f.*: (wissenschaftl.) Erörterung
historia: Geschichte, Geschichtsschreibung
dēsīderāre: *hier*: verlangen, erfordern
refert: es kommt darauf an

dēbet vidērī: es muss berücksichtigt werden
festīnātiō, ōnis *f.*: Eile, Hast
sānē *Adv.*: in der Tat, durchaus
figūra: Gestalt; Art
ōrātiō plēnior/tenuior/mediocris: gehobenere/schlichtere/mittlere Redeweise
accommodātus ad: passend, geeignet für
ōrnāmentum: *hier*: Schmuckmittel
aliās … aliās: bald … bald
contentus: *hier*: stark
summissus: schwach

artis et naturae est,
scire, quid quandoque deceat, prudentiae (est).
30 Sed haec omnia perinde sunt, ut aguntur.

Actio, inquam, in dicendo una dominatur;
sine hac summus orator esse in numero nullo potest,
mediocris hac instructus summos saepe superare.

perinde sunt, ut aguntur: sie tun ihre Wirkung, je nachdem, wie sie vorgetragen werden
āctiō, ōnis *f.*: Vortrag(sweise)
ūna dominātur: er/sie/es hat die größte Macht
in numerō nūllō esse: kein Ansehen genießen
hāc: *erg.* āctiōne

Meinolf Steiner als Arturo Ui in einer Inszenierung des Theaterstücks »Der aufhaltsame Aufstieg des Arturo Ui« von Bertolt Brecht im Deutschen Theater in Göttingen in der Spielzeit 2005/06. Zu sehen ist Arturo Ui, während er sich von einem Schauspieler in die Kunst der Rede einführen lässt.

1 Worauf muss ein Redner Rücksicht nehmen? Notieren Sie die zentralen lateinischen Begriffe.
2 (a) Welche Redeanlässe werden im Text aufgeführt? Zitieren Sie lateinisch. – (b) Welchen Einfluss haben die unterschiedlichen Redegattungen auf die Redeweise? Nennen Sie Beispiele aus dem Text.
3 Welche Schlussfolgerung zieht der Sprecher des Textes aus den in Z. 1–19 gegebenen Hinweisen?
4 Informieren Sie sich, z.B. mithilfe des Internets, darüber, was unter »Redeschmuck« zu verstehen ist, und bereiten Sie ein Kurzreferat vor.
5 (a) Welche Bedeutung wird dem Vortrag der Rede zugewiesen? – (b) Nehmen Sie Stellung zu der hier vertretenen Ansicht.

7 Erfolgsstrategien

I.
Nihil est enim in dicendo maius,
quam ut faveat oratori is, qui audiet,
utique ipse sic moveatur,
ut impetu quodam animi et perturbatione magis
5 quam iudicio aut consilio regatur:
Plura enim multo homines iudicant
odio aut amore aut cupiditate aut iracundia aut dolore
aut laetitia aut spe aut timore aut errore
aut aliqua permotione mentis
10 quam veritate aut praescripto aut iuris norma aliqua
aut iudicii formula aut legibus.

Valet igitur multum ad vincendum
probari mores et instituta et facta et vitam eorum,
qui agent causas, et eorum, pro quibus (causas agent),
15 et item (valet) improbari adversariorum
animosque eorum, apud quos agetur,
conciliari quam maxime ad benevolentiam
cum erga oratorem tum erga illum, pro quo dicet orator.

Conciliantur autem animi dignitate hominis,
20 rebus gestis, existimatione vitae.

Sed haec adiuvant in oratore: lenitas vocis,
vultus, pudor, verborum comitas;

si quid persequaris acrius,
ut invitus et coactus facere videaris.

25 Facilitatis, liberalitatis, mansuetudinis, pietatis, grati animi,

---

favēre, fāvī, fautum: geneigt sein, begünstigen
utīque = et ut

cōnsilium: *hier*: Überlegung
īrācundia: (Jäh-)Zorn
laetitia: Freude
error, ōris *m.*: *hier*: irrige Ansicht
permōtiō, ōnis *f.* (mentis): (Gemüts-)Aufwallung
vēritās, tātis *f.*: Wahrheit
praescrīptum: Vorschrift
norma: Regel, Vorschrift
fōrmula: Regel, Formel
probārī: *hier*: Anklang finden
īnstitūtum: *hier*: Grundsatz
improbārī (*erg.* »dieselben Eigenschaften«): Missbilligung finden
adversārius: Gegner
conciliāre: *hier*: führen zu
quam maximē *Adv.*: so gut/stark wie möglich
benevolentia: Wohlwollen
cum … tum: sowohl … als auch (besonders)
ergā + *Akk.*: gegen *(im freundlichen Sinn)*
exīstimātiō, ōnis *f.*: Urteil, Meinung, Ansehen
lēnitās, tātis *f.*: Sanftheit
pudor, ōris *m.*: *hier*: Bescheidenheit
cōmitās, tātis *f.*: Freundlichkeit
persequī: *hier*: vortragen
ut: wie, als ob
videāris: *der Konj. im Hauptsatz drückt eine Aufforderung aus*
facilitās, tātis *f.*: Leutseligkeit
līberālitās, tātis *f.*: edle Gesinnung
mānsuētūdō, dinis *f.*: Milde, Sanftmut

non appetentis,
non avidi (animi) signa proferre perutile est;

eaque omnia, quae proborum, demissorum,
non acrium, non pertinacium,
30 non litigiosorum, non acerborum sunt,
valde benevolentiam conciliant abalienantque ab eis,
in quibus haec non sunt;
itaque eadem sunt in adversarios ex contrario conferenda.

Horum igitur exprimere mores oratione
35 iustos, integros, religiosos, timidos, perferentes iniuriarum
mirum quiddam valet;

et hoc vel in principiis vel in re narranda
vel in perorando tantam habet vim,
si est suaviter et cum sensu tractatum,
40 ut saepe plus quam causa valeat.

Tantum autem efficitur sensu quodam ac ratione dicendi,
ut quasi mores oratoris effingat oratio;
genere enim quodam sententiarum et genere verborum,
adhibita etiam actione leni facilitatemque significante,
45 efficitur, ut (oratores) probi, ut bene morati,
ut boni viri esse videamur.

---

appetēns, ntis: gierig
avidus: gierig, habsüchtig
prōferre: *hier*: zeigen
perūtilis, e: sehr nützlich
omnia, quae probōrum … sunt: alle Eigenschaften, die auf einen rechtschaffenen … Charakter verweisen
dēmissus: bescheiden
pertināx, ācis: beharrlich, hartnäckig
lītigiōsus: streitsüchtig
acerbus: *hier*: verbittert
abaliēnare: entziehen
eadem … conferenda: die entgegengesetzten Eigenschaften muss man den Gegnern zur Last legen
hōrum … exprimere mōrēs … mīrum quiddam valet: es bewirkt Wunder, wenn man den Charakter seiner Mandanten als … beschreibt
integer, gra, grum: *hier*: unbescholten
perferēns, perferentis iniūriae: Unrecht ertragend
in rē narrandā: bei der Schilderung des Sachverhalts
in perōrandō: am Schluss der Rede
suāvis, e: angenehm, süß
causa: die Sache selbst
sēnsū ac ratiōne dīcendī: durch einen gefühlvollen Vortrag
effingere: abbilden, veranschaulichen
sententia: *hier*: Gedanke
āctiō, ōnis *f.*: Vortrag(sweise)
bene mōrātus: charakterfest

---

1 Suchen Sie aus dem Text alle Begriffe zum Sachfeld «Gefühle/Affekte» heraus und erstellen Sie eine Mindmap.
2 Gliedern Sie den Text und geben Sie den Abschnitten Überschriften.
3 Auf welche Weise soll ein Redner seine Zuhörer überzeugen und welche Mittel soll er dabei anwenden?
4 Halten Sie die hier vorgeschlagene Vorgehensweise a) für effizient, b) für angemessen und richtig? Begründen Sie Ihre Meinung.

II.

Huic autem est illa dispar ratio orationis,
quae alio quodam genere
mentes iudicum permovet impellitque,
ut aut oderint aut diligant aut invideant
5 aut salvum velint aut metuant aut sperent
aut cupiant aut abhorreant
aut laetentur aut maereant aut misereantur
aut punire velint aut ad eos motus deducantur,
qui finitimi sunt talibus animi permotionibus.

10 Atque illud optandum est oratori,
ut aliquam permotionem animorum sua sponte
ipsi afferant ad causam iudices
ad id, quod utilitas oratoris feret, accommodatam.

Sin id non erit, sicut medico diligenti,
15 priusquam conetur aegro adhibere medicinam,
non solum morbus eius, cui mederi volet,
sed etiam consuetudo valentis
et natura corporis cognoscenda est,
sic equidem cum aggredior in ancipiti causa et gravi
20 ad animos iudicum pertractandos,
omni mente in ea cogitatione curaque versor,
ut odorer, quam sagacissime possim, quid sentiant,
quid existiment, quid exspectent, quid velint,
quo deduci oratione facillime posse videantur.

25 Si se (mihi) dant et, ut ante dixi, sua sponte,
quo impellimus, inclinant atque propendent,
accipio, quod datur, et ad id,
unde aliquis flatus ostenditur, vela do;

dispār, paris: verschieden
mēns, mentis *f.*: *hier*: Gemüt
salvum: *erg.* »den Angeklagten«;
salvus: wohlbehalten
abhorrēre, horruī, –: zurückschrecken, Abscheu empfinden vor; nicht passen zu
maerēre, maeruī, –: trauern, traurig sein
miserērī, misereor, miseritus sum: sich erbarmen
pūnīre: strafen
permōtiōnem ... ad id, quod ūtilitās ōrātōris feret, accomodātam: eine dem Redner günstige Gemütsbewegung
causa: *hier*: Verhandlung, Prozess
sīn: wenn aber
medicō: *Dat. auct.*
medicus: Arzt
priusquam + *Ind./Konj.*: bevor
aeger, gra, grum: krank
medicīna: Heilmittel, Medizin
medērī + *Dat.*: heilen
cōnsuētūdō, dinis *f.*: *hier*: Lebensweise
valēns, ntis: gesund
equidem: ich meinerseits/allerdings
pertractāre + *Akk.*: einwirken auf
cōgitātiō, ōnis *f.*: Gedanke
odōrārī: auskundschaften, ausfindig machen
sagāx, ācis: scharfsinnig
quō: *hier*: wohin
dēdūcere = dūcere
inclīnāre: neigen, hinwenden
prōpendēre: sich hinneigen
unde ... ostenditur: woher der Wind kommt

sin est integer quietusque iudex, plus est operis;
30 sunt enim omnia dicendo excitanda,
nihil adiuvante natura.
Sed tantam vim habet illa oratio,
quae recte a bono poeta dicta est
flexanima atque omnium regina rerum,
35 ut non modo inclinantem excipere aut stantem inclinare,
sed etiam adversantem ac repugnantem,
ut imperator fortis ac bonus, capere possit.

integer, gra, grum: *hier*: unentschieden
excitāre: *hier*: in Bewegung setzen

flexanima: Lenkerin der Herzen
rēgīna: Königin
adversāns, ntis: widerstrebend
rēpūgnāns, ntis: Widerstand leistend

1 Suchen Sie aus dem Text alle Begriffe zum Wortfeld »Empfindungen/Gefühle« heraus und ergänzen Sie Ihre zu Text 7, Aufgabe 1, erstellte Mindmap.
2 Zeichnen Sie ein Satzbild für Z. 14–24.
3 Erläutern Sie die Vergleiche a) Z. 14–24 und b) Z. 32–37.
4 Wie soll ein Redner vor Gericht reden? Was soll er beachten? Nehmen Sie Stellung.

Bronzestatue des sog. »Arringatore«, des »Redners«. Etruskisch, 1. Viertel 1. Jh. v. Chr. Archäologisches Museum, Florenz.

8 Aus einem Lehrbuch

Tria genera sunt causarum,
quae recipere debet orator:
demonstrativum, deliberativum, iudiciale.

Demonstrativum est, quod tribuitur
5 in alicuius certae personae laudem vel vituperationem.

Deliberativum est in consultatione,
quod habet in se suasionem et dissuasionem.

Iudiciale est, quod positum est in controversia et
quod habet accusationem aut petitionem cum defensione.
10 Nunc quas res oratorem habere oporteat, docebimus,
deinde, quo modo has causas tractari conveniat,
ostendemus.
Oportet igitur esse in oratore inventionem,
dispositionem, elocutionem, memoriam, pronuntiationem.

15 Inventio est excogitatio rerum verarum aut verisimilium,
quae causam probabilem reddant.

Dispositio est ordo et distributio rerum,
quae demonstrat, quid quibus locis sit collocandum.
Elocutio est idoneorum verborum et sententiarum
20 ad inventionem accommodatio.
Memoria est firma animi rerum et verborum
et dispositionis perceptio.
Pronuntiatio est vocis, vultus, gestus moderatio
cum venustate.

---

causa: *hier*: Rede
dēmōnstrātīvus: hinweisend, »epideiktisch«
dēlīberātīvus: erwägend, überlegend
iūdiciālis, e: gerichtlich
vituperātiō, ōnis *f.*: Tadel, Kritik
cōnsultātiō, ōnis *f.*: Beratung, Erwägung
suāsiō, ōnis *f.*: Empfehlung(srede)
dissuāsiō, ōnis *f.*: Abraten, Gegenrede
accūsātiō, ōnis *f.*: Anklage(schrift)
petītiō, ōnis *f.*: Anspruch, Klage
dēfēnsiō, ōnis *f.*: Verteidigung
inventiō, ōnis *f.*: Erfindung, Erfindungsgabe
dispositiō, ōnis *f.*: Anordnung, Gliederung
ēlocūtiō, ōnis *f.*: Ausdrucksweise, Stil
prōnūntiātiō, ōnis *f.*: Vortrag
excōgitātiō, ōnis *f.*: Ausdenken, Erfinden
vērīsimilis, e: wahrscheinlich
causa: *hier*: Sache, Fall
probābilis, e: glaubhaft
reddere: *hier*: machen
collocāre: *hier*: anführen
sententia: *hier*: Gedanke
accommodātiō, ōnis *f.*: Anpassung
perceptiō, ōnis *f.*: Erfassen
gestus, ūs *m.*: Gestik
moderātiō, ōnis *f.*: rechtes Verhältnis, Beherrschung
venustās, tātis *f.*: Anmut

1 Welche Redegattungen werden hier unterschieden und wie werden sie definiert? Nennen Sie die zentralen lateinischen Begriffe.

2 (a) Welche formalen Gesichtspunkte muss ein Redner beim Aufbau einer Rede berücksichtigen? Zitieren Sie lateinisch. – (b) Halten Sie diese Kriterien heute noch für aktuell? Begründungen Sie Ihre Meinung.

3 Was fällt Ihnen in diesem Text stilistisch auf und womit könnte diese Art der Darbietung zusammenhängen?

9 Der Aufbau einer Rede

Inventio in sex partes orationis consumitur:

in exordium, narrationem, divisionem, confirmationem, confutationem, conclusionem.

Exordium est principium orationis,
5 per quod animus auditoris constituitur ad audiendum.

Narratio est rerum gestarum expositio.
Divisio est, per quam aperimus, quid conveniat, quid in controversia sit, et per quam exponimus, quibus de rebus simus acturi.
10 Confirmatio est nostrorum argumentorum expositio cum asseveratione.

Confutatio est contrariorum locorum dissolutio.

Conclusio est artificiosus orationis terminus.

inventiō, ōnis f.: Erfindung; *gemeint ist die Stoffsammlung*
cōnsūmere: hier: sich erstrecken
exōrdium: Einleitung
narrātiō, ōnis f.: Erzählung; Darstellung des Sachverhalts
dīvīsiō, ōnis f.: Gliederung
cōnfīrmātiō, ōnis f.: Begründung (durch Beweisführung)
cōnfūtātiō, ōnis f.: Widerlegung
cōnclūsiō, ōnis f.: Ende
cōnstituere: hier: einstimmen
rēs gestae, rērum gestārum f. Pl.: hier: Geschehen
expositiō, ōnis f.: Schilderung
aperīre: hier: darlegen

assevērātiō, ōnis f.: Nachdruck
contrārius: entgegengesetzt
dissolūtiō, ōnis f.: Auflösung, Widerlegung
artificiōsus: kunstvoll
terminus: (Ab-)Schluss

1 Erstellen Sie ein Satzbild für Z. 7–9.
2 Aus welchen Teilen soll eine Rede bestehen? Schreiben Sie die lateinischen Begriffe heraus.
3 Auf welche Redegattung (vgl. Text 8) beziehen sich die hier beschriebenen Redeteile?
4 Vergleichen Sie diese Anweisungen mit den Vorgaben für eine Erörterung, die Sie aus Ihrem Deutschunterricht kennen.

10 Auf den Anfang kommt es an!

Principium est,
cum statim auditoris animum nobis idoneum reddimus
ad audiendum.
Id ita sumitur, ut attentos, ut dociles,
5 ut benevolos auditores habere possimus.
Dociles auditores habere poterimus,
si summam causae breviter exponemus
et si attentos eos faciemus;
nam docilis est, qui attente vult audire.
10 Attentos habebimus, si pollicebimur
nos de rebus magnis, novis, inusitatis verba facturos
aut de iis, quae ad rem publicam pertineant,
aut ad eos ipsos, qui audient,
aut ad deorum immortalium religionem;
15 et si rogabimus, ut attente audiant.
Benevolos auditores facere quattuor modis possumus:
ab nostra, ab adversariorum nostrorum,
ab auditorum persona, et ab rebus ipsis.
Ab nostra persona benevolentiam contrahemus,
20 si nostrum officium sine arrogantia laudabimus,
atque in rem publicam quales fuerimus
aut in parentes aut in amicos aut in eos, qui audiunt,
aliquid referemus,
dum haec omnia ad eam ipsam rem,
25 qua de agitur, sint accommodata.

Item si nostra incommoda proferemus,
inopiam, solitudinem, calamitatem;
et si orabimus, ut nobis sint auxilio,
et simul ostendemus
30 nos in aliis noluisse spem habere.
Ab adversariorum persona benevolentia captabitur,
si eos in odium, in invidiam,
in contemptionem adducemus.
Ab auditorum persona benevolentia colligitur,
35 si res eorum fortiter, sapienter, mansuete,
magnifice iudicatas proferemus;
et si, quae de iis existimatio,
quae iudicii exspectatio sit, aperiemus.

---

statim *Adv.*: sofort
reddere: *hier*: machen
sūmere: *hier*: wählen
attentus: aufmerksam
docilis, e: gelehrig
benevolus: wohlwollend
summa: Hauptsache, -inhalt
causa: *hier*: Fall

inūsitātus: ungewöhnlich

contrahere, trāxī, tractum: zusammenziehen; erwirken
arrogantia: Anmaßung, Überheblichkeit
aliquid referre, quālēs fuerimus: etw. darüber berichten, wie … wir uns verhalten haben
dum + *Konj.*: *hier*: wenn nur
accommodāre: anpassen
incommodum: Nachteil; Unannehmlichkeit
prōferre: *hier*: vortragen, zeigen
sōlitūdō, dinis *f.*: Verlassenheit, Einsamkeit
captāre: fassen; gewinnen

contemptiō, ōnis *f.*: Verachtung
mānsuētus: sanft, mild, ruhig

exspectātiō, ōnis *f.*: Erwartung, Spannung
aperīre: *hier*: darlegen

Ab rebus ipsis benevolum efficiemus auditorem,
40 si nostram causam laudando extollemus,
adversariorum per contemptionem deprimemus.

extollere, tulī, –: hervorheben, rühmen
dēprimere, pressī, pressum: niederdrücken

1 Was soll mit dem Anfang einer Rede bezweckt werden? Zitieren Sie lateinisch.
2 Wie lässt sich (a) die Aufmerksamkeit und (b) das Wohlwollen der Zuhörer erreichen?
3 Kommentieren Sie Z. 24 f.
4 Wie soll die Person des Redners und die des Gegners dargestellt werden? Halten Sie diese Tipps für sinnvoll? Begründen Sie Ihre Ansicht.

11 Die Rede des Marius

I.
Scio ego, Quirites, plerosque
non isdem artibus imperium a vobis petere
et, postquam adepti sunt, gerere:

primo industrios, supplices, modicos esse,
5 dein per ignaviam et superbiam aetatem agere.

Sed mihi contra ea videtur:

nam, quo pluris est universa res publica
quam consulatus aut praetura,
eo maiore cura illam administrari
10 quam haec peti debere.
Neque me fallit,
quantum cum maximo vestro beneficio negotii sustineam.
Bellum parare simul et aerario parcere,
15 cogere ad militiam eos, quos nolis offendere,
domi forisque omnia curare et ea agere
inter invidos, occursantes, factiosos
opinione, Quirites, asperius est.

Ad hoc, alii si deliquerunt, vetus nobilitas,
20 maiorum fortia facta, cognatorum et affinium opes,
multae clientelae, omnia haec praesidio adsunt:

Mihi spes omnes in memet sitae,
quas necesse est virtute et innocentia tutari.
Nam alia infirma sunt. Et illud intellego, Quirites,
25 omnium ora in me conversa esse,
aequos bonosque favere
– quippe mea bene facta rei publicae procedunt –,
nobilitatem locum invadendi quaerere.

Quirītēs, ium m. Pl.: Bürger, Mitbürger
ars, artis f.: *hier*: Eigenschaft
imperium: *hier*: Kommando(stelle)
prīmō Adv.: anfangs, zuerst
industrius: fleißig
supplex, icis: *hier*: zurückhaltend
dein = deinde
īgnāvia: Trägheit
aetātem agere: das Leben verbringen
mihi ... vidētur: ich bin ganz anderer Ansicht
quō plūris est: je mehr ... wert ist
eō + Komparativ: *hier*: desto
haec: *fasst cōnsulātus und praetūra zusammen*
neque mē fallit: und ich weiß sehr wohl
negōtiī: *Gen. part. zu* quantum
sustinēre: *hier*: übernehmen
aerārium: Staatskasse

forīs Adv.: draußen
invidus: neidisch
occursāns, ntis: widerspenstig
factiōsus: herrschsüchtig
asper, a, um: *hier*: schwierig
dēlinquere, līquī, lictum: sich vergehen, sich etw. zuschulden kommen lassen
cōgnātus: (bluts)verwandt
affīnis, e: (durch Heirat) verwandt
clientēla: *hier*: Schützling
mēmet = mē
innocentia: Unschuld, Unbescholtenheit
tūtārī: schützen, bewahren
quippe: denn
prōcēdere: *hier*: helfen, nützen
invādere, vāsī, vāsum: eindringen; angreifen

Quo mihi acrius adnitendum est,
30 uti neque vos capiamini et illi frustra sint.
Ita ad hoc aetatis a pueritia fui,
uti omnes labores et pericula consueta habeam.
Quae ante vestra beneficia gratuito faciebam,
ea uti accepta mercede deseram,
35 non est consilium, Quirites.
Illis difficile est in potestatibus temperare,
qui per ambitionem sese probos simulaverunt:
Mihi, qui omnem aetatem in optimis artibus egi,
bene facere iam ex consuetudine in naturam vertit.

quō = ut eō: umso
adnītī: sich anstrengen
utī = ut
frūstrā esse: sich getäuscht sehen
pueritia: Kindheit
cōnsuēta: *bezieht sich auch auf* labōrēs
cōnsuētum, am, um habēre: sich gewöhnt haben an
ante vestra beneficia: vor eurer Auszeichnung, bevor ihr mir das Amt übertragen habt
grātuītō *Adv.*: ohne Lohn, umsonst
utī = ut (*abhängig von* cōnsilium)
mercēs, ēdis *f.*: Lohn
potestās, tātis *f.*: *hier*: Amt
temperāre: *hier*: sich mäßigen
probus: rechtschaffen, tüchtig
in optimīs artibus: mit den besten Grundsätzen
bene facere: *Subj.*

1 Suchen Sie aus dem Text alle Begriffe zum Sachfeld »positive/negative Eigenschaften« heraus und erstellen Sie eine Mindmap.
2 Was kritisiert Marius an den plerosque (Z. 1)? Antworten Sie auf Deutsch.
3 (a) Wie beschreibt Marius seine gegenwärtige Situation? Zitieren Sie lateinisch. – (b) Informieren Sie sich über den geschichtlichen Hintergrund der Rede. Lesen Sie dazu den Informationstext S. 31.
4 (a) Wie stellt Marius sich selbst dar? Zitieren Sie lateinisch. – (b) Welche Absicht verbindet er damit?
5 Auf welche Bevölkerungsgruppe hat er es besonders abgesehen und warum?
6 (a) Lesen Sie noch einmal Text 10. Inwiefern beherzigt Marius die dort empfohlene Vorgehensweise? – (b) Bewerten Sie den Beginn seiner Rede.

II.

Bellum me gerere cum Iugurtha iussistis,
quam rem nobilitas aegerrime tulit.

Quaeso, reputate cum animis vestris,
num id mutare melius sit,
5 si quem ex illo globo nobilitatis
ad hoc aut aliud tale negotium mittatis,
hominem veteris prosapiae
ac multarum imaginum et nullius stipendii:

scilicet ut in tanta re ignarus omnium trepidet,
10 festinet,
sumat aliquem ex populo monitorem offici sui.

Ita plerumque evenit, ut,
quem vos imperare iussistis,
is imperatorem alium quaerat.
15 Atque ego scio, Quirites,
qui postquam consules facti sunt,
et acta maiorum et Graecorum militaria praecepta
legere coeperint;

praeposteri homines,
20 nam gerere quam fieri tempore posterius,
re atque usu prius est.

Iugurtha, ae m.: König von Numidien
aegerrimē ferre aliquid: über etw. sehr verärgert sein
quaesō: ich bitte (euch)
reputāre: überdenken, überlegen
globus: Schar, Clique

prōsāpia: Geschlecht, Sippe
imāgō, ginis f.: hier: Ahnenbild
stipendium: Kriegsdienst
scīlicet, ut: mit dem Erfolg natürlich, dass
omnium: erg. rērum
trepidāre: ängstlich, unschlüssig sein
festīnāre: sich beeilen, sich überhasten
monitor, ōris m.: Berater
plērumque Adv.: meistens

scīre: hier: kennen
acta, ōrum n. Pl.: hier: Geschichte
Graecī, ōrum m. Pl.: die Griechen
praeposterus: verkehrt (handelnd)
nam … prius est: denn gewiss muss man erst etwas werden und kann dann erst handeln, tatsächlich aber muss die praktische Übung doch vorausgehen!

1 Ist die Aufforderung in Z. 3 ernst gemeint? Warum (nicht)?
2 (a) Welches Bild entwirft Marius hier vom Adel? Notieren Sie die zentralen lateinischen Begriffe. – (b) Welche Absicht verbindet er mit dieser Schilderung?
3 Was könnte der Adel Marius vorwerfen? Entwerfen Sie auf Deutsch eine Schmährede.

Gaius Marius. Spätrepublikanischer Porträtkopf, Marmor.

Bellum Iugurthinum

In seiner Monografie *Bellum Iugurthinum* erzählt der römische Historiker Sallust (86–35 v. Chr.) von dem Krieg, den die Römer im afrikanischen Numidien gegen den dortigen Herrscher Iugurtha im Jahre 111–105 v. Chr. geführt haben.

Das numidische Reich war seit dem dritten Punischen Krieg mit den Römern eng verbunden. Iugurtha, der Enkel des Numiderfürsten Masinissa, hatte im Spanischen Krieg im Jahre 133 v. Chr. vor Numantia auf der Seite der Römer gekämpft und stand seitdem mit der römischen Nobilität in enger Verbindung. Nach dem Tod seines Adoptivvaters Micipsa sollte sich Iugurtha mit dessen leiblichen Söhnen die Herrschaft teilen. Doch er tötete den einen und vertrieb den anderen. Dieser, Adherbal, wurde zwar von den Römern wieder in Amt und Würden gebracht, fiel aber einem Komplott seines Adoptivbruders zum Opfer. Weil bei den Kämpfen um die Stadt Cirta, in der sich Adherbal verschanzt hatte, auch viele Italiker umkamen, wuchs in Rom der Widerstand gegen Iugurtha und die von ihm bestochenen Angehörigen der Nobilität. Gegen den Willen des gesamten Adels gelang es den Popularen (»Volksfreunden«), die Wahl des Marius, eines Mannes aus dem Ritterstand, zum Konsul durchzusetzen und ihn mit der Kriegführung gegen Iugurtha zu beauftragen. Mit dem siegreich geführten numidischen Feldzug (Iugurtha wird 104 v. Chr. in Rom hingerichtet) beginnt Marius' beispiellose Karriere, die ihn siebenmal in das Konsulat führt und ihn zu einem der bedeutendsten römischen Generäle werden lässt.

In seinem Werk geht es Sallust primär nicht um die vollständige Darstellung historischer Fakten, sondern vor allem um eine Analyse der soziologisch-politischen Situation, anhand derer er wiederum den Gesetzmäßigkeiten nachgeht, die zum inneren Verfall des römischen Staates geführt haben.

III.

Comparate nunc, Quirites, cum illorum superbia
me, hominem novum.
Quae illi audire aut legere solent,
eorum partem vidi, alia egomet gessi;
5 quae illi litteris, ea ego militando didici.
Nunc vos existimate, facta an dicta pluris sint.

Contemnunt novitatem meam, ego illorum ignaviam;
mihi fortuna, illis probra obiectantur.

Quamquam ego naturam unam
10 et communem omnium (esse) existimo,
sed fortissimum quemque (esse) generosissimum.

Ac si iam ex patribus Albini aut Bestiae quaeri posset,
mene an illos ex se gigni maluerint,
quid (illos) responsuros creditis
15 nisi sese liberos quam optimos voluisse?

Quod si iure me despiciunt,
faciant idem maioribus suis,
quibus, uti mihi, ex virtute nobilitas coepit.

Invident honori meo: Ergo invideant labori,
20 innocentiae, periculis etiam meis,
quoniam per haec illum cepi.
Verum homines corrupti superbia ita aetatem agunt,
quasi vestros honores contemnant;
ita hos petunt, quasi honeste vixerint.
25 Ne illi falsi sunt,
qui diversissimas res pariter exspectant,
ignaviae voluptatem et praemia virtutis.
Atque etiam, cum apud vos aut in senatu verba faciunt,
pleraque oratione maiores suos extollunt:
30 Eorum fortia facta memorando clariores sese putant.

---

homo novus, hominis novī *m.*:
Emporkömmling, Aufsteiger

egōmet = egō
mīlitāre: als Soldat dienen
dictum: Wort
plūris esse: wichtiger sein
novitās, tātis *f.*: *hier*:
bürgerliche Herkunft
fortūna: *hier*: niedriger Stand
probrum: Schmach, Schandtat
obiectāre: vorwerfen
quamquam: *hier*: freilich
fortissimus quisque: gerade
der Tatkräftigste
generōsus: adlig, vornehm
Albīnus: *Konsul des Jahres 110 v. Chr.*
Bēstia, ae *m.*: *Konsul des Jahres 111 v. Chr.*
gīgnere, genuī, genitum:
erzeugen, hervorbringen
quam optimus: möglichst
gut/tüchtig
quod sī: wenn also
dēspicere, spiciō, spēxī,
spectum: herabsehen,
verachten
idem facere + *Dat.*: dasselbe
tun mit
utī = ut
innocentia: Unschuld,
Unbescholtenheit
illum: *erg.* honōrem

nē: tatsächlich, wirklich
falsum esse: im Irrtum sein

plērāque ōrātiōne: im größten
Teil ihrer Rede

Quod contra est. Nam quanto vita illorum praeclarior,
tanto horum socordia flagitiosior.
Et profecto ita se res habet:
Maiorum gloria posteris quasi lumen est,
35 neque bona neque mala eorum in occulto (esse) patitur.

Huiusce rei ego inopiam fateor, Quirites,
verum, id quod multo praeclarius est,
meamet facta mihi dicere licet.
Nunc videte, quam iniqui sint.

40 Quod ex aliena virtute sibi arrogant,
id mihi ex mea non concedunt,
scilicet quia imagines non habeo,
et quia mihi nova nobilitas est;
quam certe peperisse melius est
45 quam acceptam corrupisse.

quod contrā est: das Gegenteil ist der Fall
quantō … tantō + *Komparativ*: je … desto
socordia: Schlaffheit
flāgitiōsus: schmachvoll
posterī, ōrum *m. Pl.*: Nachkommen
lūmen, minis *n.*: Licht, Leuchte
bonum: Gut, das Gute
malum: das Schlechte, Übel
huiusce = huius reī (*gemeint ist* glōriae)
vērum: aber
meamet = mea
dīcere aliquid: *hier*: sprechen von
sibī arrogāre: sich anmaßen, für sich in Anspruch nehmen
meā: *erg.* virtūte
quia: weil
imāgō, inis *f.*: *hier*: Ahnenbild

1 Was ist ein homo novus? Versuchen Sie eine eigene Begriffsbestimmung.
2 Wie wird im Text der Adel charakterisiert? Legen Sie in Ihrem Heft eine Tabelle nach dem folgenden Muster an und ergänzen Sie sie auf Lateinisch.

Positive Eigenschaften	Negative Eigenschaften	Neutrale Merkmale

3 (a) Worauf ist der Adel laut Marius stolz? – (b) Ist dieser Stolz in Marius' Augen berechtigt? Warum (nicht)? Zitieren Sie lateinisch. – (c) Wie denken Sie über einen solchen »Adelsstolz«? Begründen Sie Ihre Meinung.
4 Was meint Marius mit dem Begriff *nova nobilitas* (Z. 43)?
5 (a) Was möchte Marius in diesem Textabschnitt nachweisen? – (b) Halten Sie seine Argumentation für überzeugend? Geben Sie Gründe an.

IV.

Equidem ego non ignoro,
si iam mihi respondere velint,
abunde illis facundam et compositam orationem fore.

Sed in maximo vestro beneficio cum omnibus locis
5 meque vosque maledictis lacerent,
non (mihi) placuit reticere,
ne quis modestiam in conscientiam duceret.

Nam me quidem ex animi mei sententia
nulla oratio laedere potest:
10 Quippe vera necesse est bene praedicent,
falsa vita moresque mei superant.

Sed quoniam vestra consilia accusantur,
qui mihi summum honorem
et maximum negotium imposuistis,
15 etiam atque etiam reputate,
num eorum paenitendum sit.

Non possum fidei causa imagines neque triumphos
aut consulatus maiorum meorum ostentare,
at, si res postulet, hastas, vexillum, phaleras,
20 alia militaria dona,
praeterea cicatrices adverso corpore,
hae sunt meae imagines, haec nobilitas,
non hereditate relicta, ut illa illis,
sed quae ego
25 meis plurimis laboribus et periculis quaesivi.

---

abundē *Adv.*: im Überfluss
velint: *Subj. sind Marius' Gegner*
fācundus: (rede)gewandt; gefällig
compositus: wohlgesetzt, geordnet
in … beneficiō: wo ich von euch mit dem höchsten Amt ausgezeichnet bin
omnibus locis: bei jeder Gelegenheit
maledictum: Schmähung
lacerāre: zerfleischen, zerreißen
reticēre: schweigen
modestia: Bescheidenheit, Zurückhaltung
in cōnscientiam dūcere: als schlechtes Gewissen/Schuldbewusstsein deuten
necesse est + *Konj.*: es ist nötig, dass
bene praedicāre: rühmend anerkennen
falsa: *Akk. Pl. n.*
cōnsilium: *hier*: Anordnung
etiam atque etiam: immer wieder
reputāre: überdenken, überlegen
eōrum: *erg. cōnsiliōrum*
(mē) paenitet alicuius reī: (mich) reut etwas
fideī causā: zu meiner Beglaubigung
imāgō, ginis *f.*: *hier*: Ahnenbild
triumphus: Triumph(zug)
ostentāre: zeigen, vorweisen
hasta: Lanze, Spieß
vēxillum: Fahne
phalerae, ārum *f. Pl.*: *hier*: Ehrenwaffen
dōnum: *hier*: Auszeichnung
cicātrīx, trīcis *f.*: Narbe
adversō corpore: vorn auf der Brust
hērēditās, tātis *f.*: Erbe
relicta: *Attr. zu* nōbilitās
quae: das alles
quaerere: *hier*: erwerben

1 Warum glaubt Marius, dass ihm seine Gegner nichts anhaben können?
2 Worauf beruht der Stolz des Adels und was hat Marius dem gegenüber vorzuweisen? Zitieren Sie lateinisch.
3 (a) Welche Verdienste sind nach Marius' Meinung wichtiger und warum? – (b) Halten Sie seine Argumentation für überzeugend? Warum (nicht)?

Togastatue eines Römers mit zwei Ahnenbüsten: sog. Brutus Barberini. Der aufgesetzte Kopf ist antik, gehörte aber nicht ursprünglich zur Statue. Der in der Statue zur Zeit des Augustus porträtierte römische Bürger trägt in der rechten Hand die Büste des Großvaters, in der linken die seines Vaters. Rom, Konservatorenpalast.

V.

Non sunt composita verba mea: Parvi id facio.
Ipsa se virtus satis ostendit.
Illis artificio opus est, ut turpia facta oratione tegant.
Neque litteras Graecas didici:
5 Parum (mihi) placebat eas discere,
quippe quae ad virtutem doctoribus nihil profuerant.

At illa multo optima rei publicae doctus sum:
hostem ferire, praesidia agitare,
nihil metuere nisi turpem famam,
10 hiemem et aestatem iuxta pati, humi requiescere,
eodem tempore inopiam et laborem tolerare.

His ego praeceptis milites hortabor
neque illos arte colam, me opulenter,
neque gloriam meam, laborem illorum faciam.

15 Hoc est utile, hoc civile imperium,
namque cum tute per mollitiem agas,
exercitum supplicio cogere,
id est dominum, non imperatorem esse,
haec atque talia maiores vestri faciendo
20 seque remque publicam celebraverunt.

Quis nobilitas freta, ipsa dissimilis moribus,
nos illorum aemulos contemnit
et omnes honores non ex merito,
sed quasi debitos a vobis repetit.

25 Ceterum homines superbissimi procul errant.
Maiores eorum omnia, quae licebat, illis reliquerunt,
divitias, imagines, memoriam sui praeclaram;
virtutem non reliquerunt neque poterant:
Ea sola neque datur dono neque accipitur.

---

parvī facere aliquid: keinen Wert auf etw. legen
artificium: Kunst(fertigkeit)
opus est + *Abl.*: etw. ist nötig
Graecus: griechisch
quippe quae: weil sie
doctor, ōris *m.*: Lehrer
multō: *hier*: weitaus
doctus sum + *Akk.*: ich habe etw. gelernt
ferīre: (er)schlagen
praesidia agitāre: Posten stehen
iūxtā *Adv.*: auf gleiche Weise
requiēscere, quiēvī, quiētum: ruhen, sich erholen
artē colere: knapp halten
mē opulenter colere: es mir gut gehen lassen
glōriam ... faciam: ich will mir den Ruhm zuschreiben, ihnen die Arbeit lassen
cīvīlis, e: *hier*: bürgerfreundlich
tūte = tū
per mollitiem agere: üppig leben
supplicium: *hier*: (schwere) Strafe
cōgere: *hier*: zusammenhalten, drillen
celebrāre: *hier*: berühmt machen
quīs = quibus (rēbus)
fretus + *Abl.*: sich stützend auf
illōrum: *erg.* māiōrum
aemulus: Nacheiferer
repetere: *hier*: fordern
cēterum *Adv.*: aber
procul *Adv.*: *hier*: gewaltig
imāgō, ginis *f.*: *hier*: Ahnenbild
suī: *Gen. obi.*

30 Sordidum me et incultis moribus aiunt,
quia parum scite convivium exorno
neque histrionem ullum
neque pluris pretii coquum quam vilicum habeo.

Quae mihi libet confiteri, Quirites,
35 nam ex parente meo et ex aliis sanctis viris ita accepi:

munditias mulieribus, viris laborem convenire,
omnibusque bonis oportere
plus gloriae quam divitiarum esse;
arma, non supellectilem decori esse;
40 quin ergo, quod iuvat, quod carum aestimant,
id semper faciant: ament, potent;
ubi adulescentiam habuerunt, ibi senectutem agant,
in conviviis, dediti ventri et turpissimae parti corporis;
sudorem, pulverem et alia talia relinquant nobis,
45 quibus illa epulis iucundiora sunt. Verum non ita est.
Nam ubi se flagitiis dedecoraverunt turpissimi viri,
bonorum praemia ereptum eunt.

Ita iniustissime luxuria et ignavia, pessimae artes,
illis, qui coluerunt eas, nihil officiunt,
50 rei publicae innoxiae cladi sunt.

sordidus: hier: geizig
incultus: ungepflegt, ungebildet
scītus: geschmackvoll
convīvium: Gastmahl
exōrnāre: herrichten
histriō, ōnis *m.*: Schauspieler, Gaukler
plūris pretiī: *Gen. qual.*
coquus: Koch
vīlicus: Verwalter
libet, libuit/libitum est: es beliebt/gefällt
cōnfitērī, cōnfessus sum: eingestehen
sānctus: *hier:* ehrwürdig
munditia: Putz; feine Manieren
supellex, supellectilis *f.*: Hausrat
decus, oris *n.*: Zierde, Ehre
quīn ergō: nun gut
iuvat: es erfreut
pōtāre: zechen, saufen
venter, tris *m.*: Bauch
sūdor, ōris *m.*: Schweiß
pulvis, pulveris *m.*: Staub
epulae, ārum *f. Pl.*: Gerichte, Tafelfreuden
dēdecorāre: entehren, schänden
ēreptum *(Supinum 1)* eunt: sie gehen darauf aus, ... zu nehmen
iniūstus: ungerecht, unrechtmäßig
ars, artis *f.*: *hier:* Eigenschaft
officere, iō: beeinträchtigen, schaden
innoxius: unschuldig
clādēs, is *f.*: Schaden, Niederlage

1 Wie bewertet Marius die übliche Bildung und wie begründet er sein Urteil?
2 (a) Welche persönlichen Fähigkeiten zählt Marius auf? Zitieren Sie lateinisch. – (b) Warum hält er sie für positiv?
3 Was lobt Marius an den Vorfahren seiner Gegner?
4 (a) Vergleichen Sie die Lebensweise des Marius mit der seiner Kontrahenten. Legen Sie in Ihrem Heft eine Tabelle nach dem folgenden Muster an und tragen Sie die zentralen lateinischen Begriffe ein.

Marius	turpissimi viri

(b) Charakterisieren Sie auf Deutsch die jeweiligen Lebensstile.
5 Was versteht der Sprecher unter *virtus*?

VI.

Nunc quoniam illis, quantum mei mores,
non (quantum) illorum flagitia poscebant, respondi,
pauca de re publica loquar.
Primum omnium de Numidia
5 bonum habete animum, Quirites.
Nam, quae ad hoc tempus Iugurtham tutata sunt,
omnia removistis:
avaritiam, imperitiam atque superbiam.
Deinde exercitus ibi est locorum sciens,
10 sed mehercule magis strenuus quam felix;
nam magna pars eius
avaritia aut temeritate ducum attrita est.

Quam ob rem vos, quibus militaris aetas est,
adnitimini mecum et capessite rem publicam,
15 neque quemquam ex calamitate aliorum
aut imperatorum superbia metus ceperit.

Egomet in agmine aut in proelio
consultor idem et socius periculi vobiscum adero
meque vosque in omnibus rebus iuxta geram.

20 Et profecto dis iuvantibus omnia matura sunt:
victoria, praeda, laus; quae si dubia aut procul essent,
tamen omnes bonos rei publicae subvenire decebat.
Etenim nemo ignavia immortalis factus est,
neque quisquam parens liberis,
25 uti aeterni forent, optavit,
magis uti boni honestique vitam exigerent.
Plura dicerem, Quirites,
si timidis virtutem verba adderent.
Nam strenuis abunde dictum puto.

Numidia: Numidien *(heute: Ostalgerien und Tunesien)*
Iugurtha, ae *m.*: *König von Numidien*
tūtārī: schützen, bewahren
imperītia: Unerfahrenheit, Unwissenheit
mehercule: beim Herkules!, wahrhaftig!
strēnuus: stark, tüchtig
temeritās, tātis *f.*: Unbesonnenheit, Verwegenheit
attrītum: *PPP von* atterere: schwächen, erschöpfen
mīlitāris, e: *hier*: waffenfähig
adnītī: sich anstrengen
capessere aliquid: sich einer Sache annehmen
cēperit: *hier*: er/sie/es möge ergreifen
egōmet = egō
cōnsultor, ōris *m.*: Ratgeber
iūxtā *Adv.*: auf gleiche Weise
gerere: *hier*: behandeln
dīs = deīs
omnia mātūra sunt: alles fällt uns als reife Früchte zu
subvenīre, vēnī, ventum: zu Hilfe kommen
decēbat: *hier*: die Ehre würde erfordern
utī = ut
aeternus: ewig
magis: *hier*: wohl aber
exigere: *hier*: verbringen

timidus: furchtsam
abundē *Adv.*: im Überfluss

Iugurtha. König von Numidien nach 160–104 v. Chr. Zeitgenössisches Münzbildnis.

1 Gliedern Sie den Text und geben Sie den Abschnitten Überschriften.
2 Warum dürfen die Bürger guten Mutes sein (Z. 5)? Notieren Sie die zentralen lateinischen Begriffe.
3 Untersuchen Sie die Funktion der hier verwendeten Stilmittel.
4 (a) Welche Absicht(en) verfolgt Marius mit dem Schluss seiner Rede? – (b) Halten Sie diesen Schluss für gelungen? Warum (nicht)?

Zu den Teilen I-VI
1 (a) Geben Sie den sechs Teilen der Marius-Rede Überschriften. – (b) Fassen Sie den Inhalt der Rede (auf Deutsch) zusammen. – (c) Welcher Redegattung (vgl. Text 8) sind seine Ausführungen zuzuordnen? Warum?
2 Was möchte Marius mit seiner Ansprache erreichen und welche Mittel setzt er dafür ein?
3 Sallust hat diese Rede frei erfunden und nach eigenem Geschmack ausgestaltet. Woran lässt sich erkennen, dass es sich hier um einen literarischen Text handelt?

12 Die Rhetorikausbildung zur Zeit des Tacitus

At nunc adulescentuli nostri deducuntur
in scholas istorum, qui rhetores vocantur;

quos paulo ante Ciceronis tempora extitisse
nec placuisse maioribus nostris ex eo manifestum est,
5 quod a Crasso et Domitio censoribus claudere,
ut ait Cicero, »ludum impudentiae« iussi sunt.

Sed ut dicere institueram, deducuntur in scholas,
quibus non facile dixerim, utrumne locus ipse
an condiscipuli an genus studiorum
10 plus mali ingeniis afferant.

Nam in loco nihil reverentiae est,
in quem nemo nisi aeque imperitus intret;

in condiscipulis nihil profectus, cum pueri inter pueros
et adulescentuli inter adulescentulos
15 pari securitate et dicant et audiantur;

ipsae vero exercitationes magna ex parte contrariae.

Nempe enim duo genera materiarum
apud rhetores tractantur, suasoriae et controversiae.

Ex his suasoriae quidem, etsi tamquam plane leviores
20 et minus prudentiae exigentes pueris delegantur,
controversiae robustioribus assignantur,
quales, per fidem, et quam incredibiliter compositae (sunt)!

---

adulēscentulus: (ganz) junger Mann
schola: Schule
rhētor, oris *m.*: Rhetor, Lehrer der Redekunst
ex eō …, quod: daraus …, dass
manifestus: offenkundig, klar
Crassus: *Zensor 92 v. Chr.*
Domitius: *Zensor 92 v. Chr.*
cēnsor, ōris *m.*: Zensor, Sittenrichter
impudentia: Schamlosigkeit, Unverschämtheit
quibus: *hier*: von denen
facile *Adv.*: leicht
dīxerim: ich könnte sagen
utrum(ne) … an: ob … oder
condiscipulus: Mitschüler
ingenium: *hier*: Geist
reverentia: etwas, das Achtung einflößt
aequē *Adv.*: in gleicher Weise
imperītus: unerfahren, unkundig
prōfectus, ūs *m.*: Förderung
sēcūritās, tātis *f.*: Sorglosigkeit, Unbekümmertheit
exercitātiō, ōnis *f.*: Übung
māgnā ex parte: großenteils
contrārius: *hier*: völlig verfehlt
nempe *Adv.*: denn
suāsōria: Suasorie, Beratungsrede, politische Entscheidungsrede
contrōversia: *hier*: Streitrede über einen erdachten Rechtsfall
etsī: wenn auch, obwohl
tamquam *Adv.*: gleichsam
plānē *Adv.*: deutlich, durchaus
minus *Adv.*: weniger
exigere, ēgī, āctum: fordern
dēlēgāre: auftragen
rōbustior: *hier*: älter
assīgnāre: zuweisen
per fidem!: um Himmels willen!

Sequitur autem, ut materiae abhorrenti a veritate
declamatio quoque adhibeatur.

25 Sic fit, ut tyrannicidarum praemia
aut pestilentiae remedia aut incesta matrum
aut quidquid in schola cottidie agitur,
in foro vel raro vel numquam,
ingentibus verbis persequantur.

sequitur, ut: hinzu kommt, dass
dēclāmātiō, ōnis *f.*: (leeres) Deklamieren
tyrannicīda, ae *m.*: Tyrannenmörder
pestilentia: Seuche
remedium: Heilmittel
incestum alicuius: Unzucht/Blutschande mit
rārō *Adv.*: selten
numquam *Adv.*: niemals
persequī: *hier*: behandeln

Ein modernes Urteil über die Rhetorenschulen
»Im Allgemeinen übte man sich … an konstruierten Fällen von der größten Unwahrscheinlichkeit. Man ließ dort vorzugsweise Randexistenzen der menschlichen Gesellschaft, etwa Räuber, Dirnen, Tyrannen, auftreten, man sorgte für pikante Situationen und grelle Kontraste, man schrieb für die rechtliche Würdigung Gesetze vor, die es nie gegeben hatte und nie geben konnte – kurz, die Rhetorenschule brachte in ihren Übungsreden eine Fantasiewelt hervor, die möglichst krass von der Alltagswelt abstach. Eines der vom älteren Seneca behandelten Themen beruht auf folgendem Sachverhalt (*Controversiae* 1,6):
Ein junger Mann, der in die Gewalt von Seeräubern geraten ist, bittet den Vater brieflich, ihn loszukaufen: vergebens. Die Tochter des Seeräuberhauptmanns verlangt von ihm, er solle beschwören, dass er sie heirate, wenn sie ihm die Freiheit verschaffe. Er schwört. Sie verlässt ihren Vater und folgt dem jungen Manne. Dieser, in die Heimat zurückgekehrt, heiratet das Mädchen. Da zeigt sich eine gute Partie; der Vater verlangt, der Sohn solle sich von der Tochter des Seeräuberhauptmanns trennen und die Partie wahrnehmen. Der Sohn weigert sich und wird enterbt.«
Manfred Fuhrmann, Die antike Rhetorik, München/Zürich ³1990, S. 68f. © Patmos Verlag GmbH & Co. KG, Artemis und Winkler Verlag, Düsseldorf

1 Suchen Sie aus dem lateinischen Text die Begriffe zum Sachfeld »Schule und Unterricht« heraus und erstellen Sie eine Mindmap.
2 (a) Was kritisiert Tacitus an den Rhetorenschulen? Notieren Sie die zentralen lateinischen Begriffe. – (b) Welchen Kritikpunkt halten Sie für besonders stichhaltig und warum?
3 Vergleichen Sie Fuhrmanns Beschreibung der Rhetorenschulen mit Tacitus' Darstellung.
4 Inwiefern bietet das von Fuhrmann angeführte Beispiel des jungen Mannes Stoff für eine *controversia*?

13 Die Redekunst in der ausgehenden Republik

I.
Magna eloquentia, sicut flamma, materia alitur
et motibus excitatur et urendo clarescit.

Eadem ratio in nostra quoque civitate
antiquorum eloquentiam provexit.
5 Nam etsi horum quoque temporum oratores
ea consecuti sunt, quae
composita et quieta et beata re publica
tribui fas erat,
tamen illa perturbatione ac licentia
10 plura sibi assequi videbantur,
cum mixtis omnibus et moderatore uno carentibus
tantum quisque orator saperet,
quantum erranti populo persuaderi poterat.

Hinc leges assiduae, hinc contiones
15 magistratuum paene pernoctantium in rostris,
hinc accusationes potentium reorum
et assignatae etiam domibus inimicitiae,
hinc procerum factiones
et assidua senatus adversus plebem certamina.

mōtibus excitāre: durch Anfachen entzünden
ūrere, ussī, ustum: (ver)brennen
clārēscere: leuchten
ratiō, ōnis *f.*: *hier*: Art und Weise, Verfahren
prōvehere, vēxī: zur Vollendung bringen
quae ... tribuī fās erat: was ihnen ... möglich war
composita ... rē pūblicā: *nominaler Abl. abs.*
tamen ... poterat: so glaubten doch die damaligen Rhetoren in jenen Zeiten der Verwirrungen und Zügellosigkeit, mehr erreichen zu können, da, als alles durcheinanderging und eines Lenkers entbehrte, ein jeder Redner in so hohem Maß als klug galt, wie etwas dem zum Irrtum neigenden Volke weisgemacht werden konnte
hinc *Adv.*: daher
lēx, lēgis *f.*: *hier*: Gesetzesantrag
assiduus: ständig, unaufhörlich
pernoctāre: übernachten
accūsātiō, ōnis *f.*: Anklage
assīgnātus etiam domibus: auch gegen ganze Häuser gerichtet
inimīcitiae, ārum *f. Pl.*: Feindschaft
procerēs, um *m. Pl.*: Aristokraten, Optimaten
factiōnēs, um *f. Pl.*: Umtriebe
adversus + *Akk.*: gegen

20 Quae singula etsi distrahebant rem publicam,   distrahere: zerreißen
exercebant tamen illorum temporum eloquentiam
et (oratores) magnis cumulare praemiis videbantur,
quia, quanto quisque plus dicendo poterat,
tanto facilius honores assequebatur,
25 tanto magis in ipsis honoribus collegas suos anteibat,   anteīre, eō: übertreffen
tanto plus apud principes gratiae,
plus auctoritatis apud patres,   patrēs, um *m. Pl.*: Senatoren
plus notitiae ac nominis apud plebem parabat.   nōtitia: Bekanntheit, Ruhm
    nōmen, minis *n.*: *hier*: Ruhm

1 Erläutern Sie das Bild von der Flamme (Z. 1–4).
2 Wie beschreibt Tacitus die jeweiligen Rahmenbedingungen für die zeitgenössischen Redner und für die Redner der Vergangenheit? Notieren Sie die lateinischen Schlüsselbegriffe.
3 (a) Welcher Zusammenhang besteht zwischen der Redekunst und den jeweiligen politischen Verhältnissen? – (b) Teilen Sie Tacitus' Einschätzung? Warum (nicht)?
4 Welche Auswirkungen hatten rhetorische Fähigkeiten für die Person des Redners? Zitieren Sie lateinisch.

II.
Nescio an venerint in manus vestras haec vetera.   nesciō an + *Konj.*: vielleicht
    vetera: *erg.* scrīpta (Schriften)

Ex his intellegi potest Cn. Pompeium et M. Crassum   Cn. Pompēius (Māgnus): *röm. Feldherr und Politiker (106–48 v. Chr.)*
non viribus modo et armis,
sed ingenio quoque et oratione valuisse   M. (Licinius) Crassus: *röm. Feldherr und Politiker (115–53 v. Chr.)*
5 nec quemquam illis temporibus magnam potentiam
sine aliqua eloquentia consecutum.   ingenium: *hier*: Geist, Intelligenz

His accedebat splendor reorum et magnitudo causarum,   splendor, ōris *m.*: Glanz, Ansehen
quae et ipsa plurimum eloquentiae praestant.   causa: *hier*: Prozess
    plūrimum ēloquentiae praestāre: die Beredsamkeit sehr fördern

10 Nam multum interest,
  utrumne de furto aut formula et interdicto
  dicendum habeas, an de ambitu comitiorum,
  expilatis sociis et civibus trucidatis.
  Quae mala sicut non accidere melius est
15 isque optimus civitatis status habendus est,
  in quo nihil tale patimur, ita (mala), cum acciderent,
  ingentem eloquentiae materiam subministrabant.

  Crescit enim cum amplitudine rerum vis ingenii,
  nec quisquam claram et illustrem orationem
20 efficere potest, nisi (is), qui causam parem invenit.
  Quis ignorat utilius ac melius esse
  frui pace quam bello vexari?
  Plures tamen bonos proeliatores bella quam pax ferunt.
  Similis eloquentiae condicio.
25 Nam quo saepius steterit tamquam in acie
  quoque plures et intulerit ictus et exceperit
  quoque maiores adversarios
  acrioresque pugnas sibi ipsa desumpserit,
  tanto altior et excelsior et illis nobilitata discriminibus
30 in ore hominum agit,
  quorum ea natura est,
  ut secura velint, periculosa mirentur.

interest, utrumne … an: es besteht ein Unterschied, ob … oder
fōrmula: Rechtsformel
interdictum: Einspruch *des Prätors bei Zivilprozessen*
ambitus, ūs (m.) comitiōrum: Amtsschleichung bei den Wahlen
expīlāre: ausplündern
trucidāre: ermorden
sīcut … ita: zwar … aber
subministrāre: verschaffen, liefern
amplitūdō, dinis *f.*: Größe, Bedeutung

vexāre: quälen
proeliātor, ōris m.: Kämpfer
ferre: hier: hervorbringen

quō … tantō: je … desto
quōque = et quō
ictus, ūs *m.*: Stich, Hieb, Schlag
quōque = et quō
sibī dēsūmere, sūmpsī: sich aussuchen, auf sich nehmen
ipsa: gemeint ist ēloquentia
nōbilitāre: adeln
discrīmen, minis *n.*: Entscheidung; Gefahr
agere: hier: sein
sēcūrus: sorglos, sicher
perīculōsus: gefährlich

1 Suchen Sie aus dem Text die Begriffe zum Sachfeld »Krieg und Gewalt« heraus und erstellen Sie eine Mindmap.
2 Gliedern Sie den Text und geben Sie den Abschnitten Überschriften.
3 Auf welche historischen Persönlichkeiten könnte der Sprecher in Z. 5 f. anspielen?
4 Wie charakterisiert der Sprecher des Textes den Unterschied zwischen früher und heute? Notieren Sie die lateinischen Schlüsselbegriffe.

5 (a) Welche »Vorteile« hatten die Redner der Vergangenheit gegenüber den jetzt lebenden? Zitieren Sie lateinisch. – (b) Was glauben Sie: Wünscht sich der Sprecher des Textes die alten Zeiten zurück? Begründen Sie Ihre Meinung.
6 Die Macht der Beredsamkeit: Welche historischen Persönlichkeiten kennen Sie, die auch aufgrund ihrer rhetorischen Fähigkeiten Macht und Einfluss gewonnen haben?

Cn. Pompeius Magnus. Marmorbildnis aus dem Liciniergrab an der Via Salaria, Rom. Ny Carlsberg Glyptotek, Kopenhagen. Gipsabguss, Archäologisches Institut der Universität Göttingen.

Lernwortschatz

A

abhorrēre ab	zurückschrecken/Abscheu empfinden vor; nicht passen zu
acūtus	scharfsinnig
admīrābilis, e	bewundernswert
adversārius	Gegner
adversus + *Akk.*	gegen
aeger, gra, grum	krank
aequē *Adv.*	in gleicher Weise
aeternus	ewig
affīnis, e	(durch Heirat) verwandt
agrestis, e	ländlich, bäuerlich
ambō, ae, ō	beide (zusammen)
amplitūdō, dinis *f.*	Größe, Bedeutung
antecellere, –, – + *Dat.*	jdn. übertreffen
antequam + *Ind./Konj.*	bevor
antīquitās, tātis *f.*	Altertum
appetēns, ntis	gierig
argūmentum	Beweis; Inhalt
arrogantia	Anmaßung, Überheblichkeit
audītor, ōris *m.*	Zuhörer
avidus	gierig, habsüchtig

B

benevolentia	Wohlwollen
bēstia	Tier
bonum	Gut, das Gute

C

caelestis, e	himmlisch
captāre	fassen; gewinnen
cēnsor, ōris *m.*	Zensor, Sittenrichter
clādēs, is *f.*	Schaden, Niederlage
cōgitātiō, ōnis *f.*	Gedanke
cōgnitiō, ōnis *f.*	Erkenntnis, Kenntnis
cōmitās, tātis *f.*	Freundlichkeit
compositus	wohlgesetzt, geordnet
conciliāre	sich geneigt machen, (für sich) gewinnen
concitāre	bewegen, rühren
cōnfitērī, cōnfessus sum	eingestehen
congregāre	versammeln, zusammenscharen
congruere, gruī, – + *Dat.*	übereinstimmen, harmonieren mit
contrahere, trāxī, tractum	zusammenziehen; erwirken
contrārius	entgegengesetzt
contrōversia	Streitigkeit, Streit(frage)
convertere, vertī, versum	(um)wenden, verwandeln
convīvium	Gastmahl
cōpiōsus	reichlich; ausführlich
cottīdiē *Adv.*	täglich
cultus, ūs *m.*	Pflege; Verehrung; Lebensart
cumulāre	überhäufen, überschütten

D

decet, decuit	es schickt sich, es gehört sich
decus, oris *n.*	Zierde, Ehre
dēlinquere, līquī, lictum	sich vergehen, sich etw. zuschulden kommen lassen
dēprimere, pressī, pressum	niederdrücken
dēspicere, spiciō, spēxī, spectum	herabsehen, verachten
discrīmen, minis *n.*	Entscheidung; Gefahr
distinguere, stīnxī, stīnctum	unterscheiden
doctrīna	Unterricht, Lehre, Wissenschaft
dominārī	herrschen

E

ēloquentia	Beredsamkeit
epulae, ārum *f. Pl.*	Gerichte, Tafelfreuden
equidem	ich meinerseits/allerdings
ergā + *Akk.*	gegen *(im freundlichen Sinn)*
error, ōris *m.*	Irrtum
etenim *Adv.*	nämlich, in der Tat
etsī	wenn auch, obwohl
excellere, –, –	herausragen, sich auszeichnen
excelsus	hochragend, erhaben
exigere, ēgī, āctum	fordern

exīstimātiō, ōnis *f.*	Urteil, Meinung, Ansehen
expers, expertis + *Gen.*	ohne Anteil, frei von
explicāre	erklären, erörtern
exprimere, pressī, pressum	ausdrücken
exsistere, stitī, –	hervortreten
extollere, tulī, –	hervorheben, rühmen

F

facilitās, tātis *f.*	Leutseligkeit
favēre, fāvī, fautum	geneigt sein, begünstigen
ferīre	(er)schlagen
ferus	wild
figūra	Gestalt; Art
forīs *Adv.*	draußen
fulmen, minis *n.*	Blitz; blitzartige Gewalt

G

gīgnere, genuī, genitum	erzeugen, hervorbringen

H

hasta	Lanze, Spieß
historia	Geschichte, Geschichtsschreibung
homo novus, hominis novī *m.*	Emporkömmling, Aufsteiger

I

ictus, ūs *m.*	Stich, Hieb, Schlag
īgnārus + *Gen.*	unkundig
īgnāvia	Trägheit
impellere, pulī, pulsum	anstoßen, antreiben
imperītus	unerfahren, unkundig
incommodum	Nachteil; Unannehmlichkeit
incultus	ungepflegt, ungebildet
incumbere, cubuī, cubitum in + *Akk.*	sich mit Eifer widmen
īnfīnītus	unendlich, unbegrenzt
inimīcitiae, ārum *f. Pl.*	Feindschaft
iniūstus	ungerecht, unrechtmäßig
innocentia	Unschuld, Unbescholtenheit
intericere, iō, iēcī, iectus	dazwischenstellen, -werfen
invādere, vāsī, vāsum	eindringen; angreifen
invidus	neidisch
īrācundia	(Jäh-)Zorn
iuvat	es erfreut

L

lacerāre	zerfleischen, zerreißen
lacessere, lacessīvī, lacessītum	reizen
laetitia	Freude
lātus	weit, breit; umfassend
līberālis, e	vornehm; freigebig
līberālitās, tātis *f.*	edle Gesinnung
libet, libuit/libitum est	es beliebt/gefällt
lūmen, minis *n.*	Licht, Leuchte

M

maerēre, maeruī, –	trauern, traurig sein
māgnā ex parte	großenteils
māgnificus; *Komparativ*: māgnificentior, ius	großartig
māiestās, tātis *f.*	Größe, Würde
malum	das Schlechte, Übel
medērī + *Dat.*	heilen
medicus	Arzt
meditārī + *Akk.*	nachdenken über, denken an
mercēs, ēdis *f.*	Lohn
minus *Adv.*	weniger
miserērī, misereor, miseritus sum	sich erbarmen
moderātiō, ōnis *f.*	Mäßigung, Lenkung
modestia	Bescheidenheit, Zurückhaltung
mōrēs, um *m. Pl.*	Charakter

N

necesse est + *Konj.*	es ist nötig, dass
nesciō an + *Konj.*	vielleicht
nōtus	bekannt
numerāre	zählen, rechnen
numquam *Adv.*	niemals

O

occupātiō, ōnis *f.*	Beschäftigung
ostentāre	zeigen, vorweisen

P

(mē) paenitet alicuius reī	(mich) reut etwas
particeps, cipis + *Gen.*	teilnehmend, teilhaftig
percipere, iō, cēpī, ceptum	auffassen, begreifen
perīculōsus	gefährlich
permōtiō, ōnis *f.*	Bewegung, Erregung

permovēre, mōvī, mōtum	beeindrucken, erschüttern
persōna, ae *f.*	Person
perspicuus	deutlich, augenscheinlich
pertināx, ācis	beharrlich, hartnäckig
perturbātiō, ōnis *f.*	Verwirrung, Leidenschaft
plānē *Adv.*	deutlich, durchaus
plērumque *Adv.*	meistens
posterī, ōrum *m. Pl.*	Nachkommen
posterior, ius	späterer, letztgenannter
potius *Adv.*	eher, vielmehr
praecipuus	außerordentlich, besonders
prīmō *Adv.*	anfangs, zuerst
priusquam + *Ind./Konj.*	bevor
probrum	Schmach, Schandtat
probus	rechtschaffen, tüchtig
profectō *Adv.*	in der Tat, sicherlich
puerīlis, e	kindlich
pueritia	Kindheit
pulvis, pulveris *m.*	Staub
pūnīre	strafen

Q

quantō ... tantō + *Komparativ*	je ... desto
quasi *Adv.*	sozusagen, gleichsam
quia	weil
quippe	denn
Quirītēs, ium *m. Pl.*	Bürger, Mitbürger

R

redundāre	überströmen
rēgīna	Königin
remedium	Heilmittel
requiēscere, quiēvī, quiētum	ruhen, sich erholen
rēs gestae, rērum gestārum *f. Pl.*	Taten, Geschichte
rōstra, ōrum *n. Pl.*	Rednerbühne *(auf dem Forum)*
rudis, e	roh, ungebildet

S

salvus	wohlbehalten
sānē *Adv.*	in der Tat, durchaus
satis *Adv.*	genügend, genug
scīlicet *Adv.*	natürlich, selbstverständlich
sēcūrus	sorglos, sicher
sīn	wenn aber
sōlitūdō, dinis *f.*	Verlassenheit, Einsamkeit
sonus	Laut, Ton, Klang
splendor, ōris *m.*	Glanz, Ansehen
statim *Adv.*	sofort
stipendium	Kriegsdienst
suāvis, e	angenehm, süß
subvenīre, vēnī, ventum	zu Hilfe kommen
superior, ius	weiter oben, früher
supplex, plicis	demütig bittend, flehend

T

tamquam *Adv.*	gleichsam
temeritās, tātis *f.*	Unbesonnenheit, Verwegenheit
timidus	furchtsam
tot	so viele
tranquillus	ruhig
trepidāre	ängstlich, unschlüssig sein
triumphus	Triumph(zug)

U

ulcīscī, ulcīscor, ultus sum	rächen
ūrere, ussī, ustum	(ver)brennen
ūtilitās, tātis *f.*	Nutzen, Vorteil
utrum(ne) ... an	ob ... oder

V

vel ... vel	entweder ... oder
venter, tris *m.*	Bauch
vēritās, tātis *f.*	Wahrheit
vexāre	quälen
vēxillum	Fahne
vīcīnus	Nachbar; benachbart